3X MARIA THERESIA

OTTO STRADAL

3 X MARIA THERESIA

Betrachtungen nach 200 Jahren

ÖSTERREICHISCHER BUNDESVERLAG, WIEN

Titelbild: Maria Theresia – Ausschnitt aus dem Gemälde in der Präsidentschaftskanzlei in der Wiener Hofburg

Satz: Fotosatzzentrum Südost Ges.m.b.H., Graz
Druck: Leykam AG, Universitätsbuchdruckerei & Graphische Industrie
ISBN 3 215 **04087** 5

der Kaiserin mit dem ihr eigenen weiblichen Fingerspitzengefühl herangezogenen Mitarbeitern hat sie ihr Lebenswerk aufbauen können. Diese Staatsmänner, Gelehrten und Generäle haben als Mitschöpfer des Staates Österreich gewiß ein Recht, als Zeugen einer großen Zeit auch heute noch gewürdigt zu werden.

Die Paladine der Kaiserin

Da steht vor allem die imposante Gestalt des Staatskanzlers Wenzel Anton Fürst Kaunitz von Rittberg im Ornat eines Ritters vom Goldenen Vlies auf dem Denkmal an der Ringstraße. Er hat jahrzehntelang als Politiker und vertrauter Berater einen starken Einfluß auf Maria Theresia ausgeübt und sie in ihren Entschlüssen bekräftigt. Da ist weiters der Gestalter ihrer ersten Regierungsjahre zu sehen, Johann Christoph Freiherr von Bartenstein. Dreizehn Jahre lang lenkte praktisch er die Politik Österreichs. Dies vor allem deshalb, weil die junge Herrscherin von ihrem Vater keineswegs für ihre künftigen Aufgaben vorbereitet worden war. In einer der großen Denkschriften, in denen sie ihre Erfahrungen niedergelegt hat, findet sich die Feststellung: „... da es meinen Herrn Vattern niemahls gefällig ware, mich zur Erledigung weder der auswärtigen noch der inneren Geschäften beyzuziehen, noch zu informieren." Sie kommt in dem Dokument auch zur Erkenntnis: „Die Wichtigste Obsorg eines Regenten ist die auswahl seyner Rathgeber." Diese hat Maria Theresia sehr geschickt getroffen, wobei Bartenstein ihr erster großer Helfer war.
Die erzene Maria Theresia ist weiters umgeben von Standbildern des Grafen Haugwitz, des Reformators

der inneren Verwaltung, und des bedeutenden Gelehrten Dr. van Swieten. Dieser war nicht nur der Leibarzt der Kaiserin, sondern auch der Neugestalter des Studienwesens an der Wiener Universität, Schöpfer vieler Neuerungen auf dem Gebiet der Gesundheitspflege und Reformator der kaiserlichen Hofbibliothek. Heute ist sie als „Österreichische Nationalbibliothek" einer der kostbarsten Kunstschätze Europas. Ähnliche Bedeutung wie dem großen Arzt kommt dem Rechtsreformator Freiherr von Sonnenfels zu,

Feldmarschall Laudon – Reiterstandbild auf dem Sockel des Maria-Theresien-Denkmals von Zumbusch

dessen Standbild sich gleichfalls auf dem Denkmal zeigt. Er war der juristische Ratgeber der Herrscherin und der eigentliche Verfasser der Theresianischen Prozeßordnung sowie des neuen, im Jahr 1768 erschienenen Strafgesetzbuches. Sein größter Erfolg war jedoch die von Maria Theresia nach seinen eindringlichen Vorstellungen verfügte Aufhebung der Folter bei Gerichtsverfahren. Sonnenfels konnte auch die erste Lockerung der Leibeigenschaft in den österreichischen Landen erwirken.

Das ganze Monument an der Ringstraße ist geradezu lebendiger Geschichtsunterricht. Denn da reiten auch die Heerführer Leopold Joseph Graf Daun, Gideon Ernst Freiherr von Laudon und ihre Waffengefährten, Otto Ferdinand Graf Traun und Ludwig Andreas Graf Khevenhüller, auf ihren erzenen Rossen. Es wird mit diesen Figuren die Erinnerung an die Siege der Österreicher über den Preußenkönig Friedrich II. bei Kolin und Kunersdorf wach. Da klingt ein österreichischer Militärmarsch auf: „General Laudon rückt an", und die Herkunft der heute noch oft gehörten wienerischen Zornesäußerung „Fix Laudon noch einmal!" wird verständlich. Alle diese Truppenführer, all die anderen um die erzene Kaiserin dargestellten Mitarbeiter haben so manches Mal deren klare Anordnungen schriftlich erhalten: „Wie ich es gehalten wissen will!"

Denkmal einer Ehe in der Klostergruft

Wir können heute nach 200 Jahren der Herrscherin und Gattin Maria Theresia jedoch noch auf einem anderen, gleichfalls künstlerisch eindrucksvollen Monument begegnen. Es fasziniert uns in den Tiefen der Kaisergruft unter dem Kapuzinerkloster auf dem Neuen Markt in Wien. Hier steht in dem großen Rondeau der stattliche Doppelsarkophag, in dem Maria Theresia an der Seite ihres Gemahls, des Kaisers Franz Stephan von Lothringen, der Auferstehung entgegenschläft. Schöpfer dieses Totendenkmals, das erstaunlich lebensfroh wirkt, war Balthasar Moll, der bedeutende Bildhauer der theresianischen Zeit. Er wurde zu Lebzeiten des kaiserlichen Paares öfters zu Gesellschaften bei Hofe geladen und hatte dabei Gelegenheit, sich Wesen und Gesichtsausdruck der hohen Gastgeber einzuprägen. Der Künstler konnte dann das verewigte Paar auf dem Sarkophag so darstellen, wie es sich uns heute noch zeigt.

Da lächelt die Kaiserin als glückliche Ehefrau dem neben ihr – wie einst im Ehebett! – erwachenden Gatten auf dem Deckel des Doppelsarkophags zu. Der Bildhauer gab ihr in die rechte Hand das Szepter, das sie gemeinsam mit dem Gemahl hält, wobei die Kaiserin bezeichnenderweise „die Oberhand" hat. Ihre linke Hand hält das an der Hüfte hängende Schwert als Andeutung, daß sie ihr Erbe und das aus ihm geschaffene Reich mit tapferem Herzen zu verteidigen wußte. Und seltsam! Selbst hier scheint der froh-bestimmte Ausdruck des Gesichtes der vom Todesschlaf erwachenden Maria Theresia zu sagen: „Wie ich es gehalten

Maria Theresia im Alter von zirka 30 Jahren. Ölgemälde in der Präsidentschaftskanzlei in der Wiener Hofburg

Oben:
Maria Theresia und
Franz Stephan von Lothringen

Untere Reihe:
Die Paladine der Kaiserin (siehe S. 13 ff.)
Ludwig Andreas Graf Khevenhüller
Gerard van Swieten
Wenzel Anton Fürst Kaunitz
Leopold Graf Daun

wissen will!" Vor 200 Jahren ist der Deckel dieses kunstvollen Totenschreins geschlossen worden. Das Herz der Kaiserin jedoch wurde nach altem habsburgischem Familienbrauch in einer silbernen Urne in der Herzgruft der St.-Georgs-Kapelle in der Augustinerkirche beigesetzt.

Von der „Geheimben Kanzley" zum Bundeskanzleramt

Im Wien unserer Tage lebt – allem Wandel der Zeiten und des Denkens standhaltend – noch erstaunlich vieles aus Maria Theresias Zeit weiter. Da sind nach ihr selbst der große Platz um das Denkmal der Kaiserin und eine breite Straße nahe der Votivkirche benannt. Es tragen Straßen die Namen ihrer Paladine, wie die Bartensteingasse beim Parlament, die Khevenhüllerstraße im Stadtteil Pötzleinsdorf, die Daungasse und die Laudongasse im Bezirk Josefstadt, die Sonnenfelsgasse beim Lugeck im ersten Bezirk. Auch die Liechtensteinstraße im neunten Bezirk ist hier zu nennen und die Kaunitzgasse in Mariahilf, wo der Staatskanzler einst ein prächtiges Sommerschloß hatte. Reste seines Schloßparks finden sich im heutigen Esterházypark.
Der einstige Amtssitz des Fürsten Kaunitz jedoch ist heute ein weltbekannter Begriff. Es ist das Bundeskanzleramt auf dem Ballhausplatz Nr. 2. Das vor-

Oben: Maria-Theresien-Denkmal zwischen den Museen auf der Wiener Ringstraße (siehe S. 11ff.)
Unten: Maria-Theresien-Denkmal in Theresienfeld (siehe S. 10 u. 53)

nehme Palais wurde einst eigens für Kaunitz erweitert und aus dem Gebäude der „geheimben Hofkanzley" Karls VI. zur „Staatskanzley" umgestaltet. Über dem stattlichen Portal des sehr repräsentativ wirkenden Bauwerks kündet eine große rote Marmortafel in lateinischer Sprache davon: „Amt des Großsiegels und der mit den Auswärtigen zu führenden Angelegenheiten, auf Befehl der Kaiserin Maria Theresia unter der Aufsicht von Wenzel Fürst von Kaunitz-Rittberg erneuert 1767".

Das allererste „Husarenstück"

An der Front des Hauses Hadikgasse 172 im Stadtteil Penzing hingegen stellt ein modernes großes Sgrafitto einen der größten militärischen Erfolge der Truppen Maria Theresias dar. Es zeigt den Feldmarschalleutnant Andreas Graf Hadik von Futak, der im Siebenjährigen Krieg im Jahr 1757 mit kaum 5000 Husaren durch einen verwegenen Handstreich für kurze Zeit Berlin erobert hat. Auf dem Bild huldigt der Berliner Bürgermeister dem siegreichen General und seinen Soldaten, denen 250.000 Taler Kriegskontribution gezahlt werden mußten. Unter seine Kavalleristen, die mit ihrer Tat die heute noch gebräuchliche Redensart vom „Husarenstück" geprägt haben, ließ Hadik damals 25.000 Taler verteilen. Dann aber war es höchste Zeit, sich wieder in den Sattel zu schwingen! Denn der überrumpelte Preußenkönig Friedrich II. rückte zur Befreiung seiner Hauptstadt mit sieben Regimentern heran. Auf dem Grundstück des heutigen Hauses Hadikgasse 172 stand ursprünglich das kleine Landschlößchen des Grafen Hadik.

Eine an sich unscheinbare Gasse im Wiener Universitätsviertel hält den Namen des Leibarztes der Kaiserin als Van Swieten-Gasse in Erinnerung. Der hervorragende Mediziner lebt aber auch weiter im Namen der in Wien ansässigen international angesehenen Van-Swieten-Gesellschaft. Sie ist ein alljährlich tagendes Forum der prominentesten Ärzte aus aller Welt, wobei die neuesten medizinischen Forschungen vorgetragen werden. Van Swieten, aus den damals zu Österreich gehörenden Niederlanden von Maria Theresia persönlich berufen, hat durch seine neuartigen Behandlungsmethoden der Kaiserin das Leben gerettet. Die Herrscherin war lebensgefährlich an Pocken erkrankt und lag im damaligen Palais Engelskirchen auf der Wiedner Hauptstraße in schwerstem Fieber. Das Tagebuch ihres Obersthofmeisters Fürst Johann Joseph Khevenhüller-Metsch schildert diese Zeit genau. Es waren die schweren Wochen vom 23. Mai bis 14. Juni 1767. Nach Genesung der Kaiserin erhielt van Swieten ein mit Brillanten besetztes Porträt Maria Theresias und 3000 Dukaten. Auch ihre anderen Ärzte wurden reich beschenkt.

Ein halbes Jahr nach ihrer Erkrankung berief die Kaiserin auf Empfehlung van Swietens einen jungen Gelehrten aus den Niederlanden. Es war der Arzt, Physiologe und Chemiker Jan Ingenhousz. Dieser Forscher hat damals in Wien gegen große Widerstände die Pockenschutzimpfung eingeführt. Als Lehrer an der Wiener Universität war er später auch einer der Ärzte Maria Theresias und wurde durch seine physiologischen Forschungen in Wien zum Begründer der modernen Pflanzenphysiologie. Seine Lehren waren maßgebend für eine Verbesserung des Gemüseanbaus.

An der Stelle, wo einst das Palais Engelskirchen – später Rainer-Palais – gestanden ist, erhebt sich heute in der Wiedner Hauptstraße 63 das moderne Hochhaus eines Industriekonzerns. An den verdienstvollen Leibarzt der Herrscherin erinnert aber auch noch der wenig beachtete Van Swieten-Hof in der Rotenturmstraße Nr. 19. Er ist von der „Witwen- und Waisensocietat des Wiener Medic. Doctoren Collegiums gegr. 1758" errichtet worden. Das heutige Haus wurde 1896 anstelle des ursprünglichen Stiftungshauses erbaut. An seiner Fassade ist zwischen dem ersten und dem zweiten Stockwerk ein Reliefkopf van Swietens, umgeben von Engeln, zu sehen.

Atomforschung anno Maria Theresia

Gerard van Swieten veranlaßte Maria Theresia auch zu zahlreichen Reformen auf dem Gebiet des Studienwesens. Längst war das alte Jesuitenkloster in der Wiener Innenstadt als Sitz der von diesem Orden geleiteten Universität zu klein geworden. Deshalb wurde gegenüber das heute als „Akademie der Wissenschaften" bekannte Bauwerk geschaffen. Der aus Frankreich berufene Architekt Jean Nicola Jadot d'Issy hat es errichtet. Welche Bedeutung vor allem der naturwissenschaftlichen Fakultät damals bereits zukam, beweist die Tatsache: Schon zu Maria Theresias Zeit wurde hier Atomforschung betrieben! Denn heute verkündet eine Gedenktafel neben dem Eingangstor in diese „Alte Universität" ausführlich einen erstaunlichen Sachverhalt: „Hier wohnte 1756–60 und 1763 der kroatische Gelehrte Rudjer J. Boskovic SJ und schuf sein Hauptwerk, Theorie der Naturphilosophie aus einem einzigen Atomgesetz das physische Weltbild deutend'." Die Gedenktafel ist im Jahr 1952 vom Technischen Museum gestiftet worden.

Hochburgen des Geistes und der Kunst

Zur Erbauung des neuen Universitätsgebäudes hat Maria Theresia in einem Schreiben an die mit der Baugrundbeschaffung befaßten Realitätenhändler eigenhändig erklärt, daß sie „was Ansehnlich's thun" wolle. Es wurden 250.000 Gulden bereitgestellt und dem Erzbischof von Wien, Johann Joseph Graf Trautson, die Bauleitung übertragen. Und auch hier geschah alles nach dem Wunsch der Kaiserin: „Wie ich es gehalten wissen will."
Heute noch beeindrucken uns die großartigen Dekkenfresken des Historienmalers Gregor Guglielmi im großen Festsaal. Ihre Gruppierung hat der berühmte Hofdichter der Kaiserin, Pietro Metastasio, entworfen. Auch an ihn erinnert eine schmale Gasse hinter dem Bundeskanzleramt. Das Deckengemälde stellt Allegorien der vier Fakultäten dar. Ein schwerer Brand hat 1961 diese Kunstwerke hart in Mitleidenschaft gezogen. Aber der hervorragende Restaurator unserer Tage, Paul Reckendorfer, konnte sie in dreijähriger Arbeit wieder in alter Schönheit aufleben lassen. So ist denn dieser Festsaal aus der theresianischen Zeit wieder feierlicher Rahmen für Vorträge und Ehrungen bedeutender Gelehrter. Auch die Laudatio auf österreichische Nobelpreisträger wird hier gehalten.

„Was Ansehnlich's" sind auch die prachtvollen Dekkenfresken von Anton Maulbertsch im ehemaligen Theologiesaal und im Ratssaal der bildenden Künste. Die Eröffnung der „Neuen Universitäts-Aula" – wie das Bauwerk ursprünglich hieß – war im Jahr 1756 ein Höhepunkt der schier unglaublichen Bautätigkeit in den ersten zwei Regierungsjahrzehnten der schöpferischen Maria Theresia.

Das Justizministerium der Republik Österreich hat heute seinen Amtssitz in einem der nobelsten Palais aus der theresianischen Zeit. Es ist das einst als vornehmer Wohnsitz im Grünen für Johann Leopold Donat Fürst Trautson erbaute Gartenpalais in der Museumsstraße Nr. 7. In jüngster Zeit zu seiner früheren Eleganz restauriert, zeugt es von der erlesenen Kunst des berühmten Baumeisters Johann Bernhard Fischer von Erlach. Dieses Palais gilt als sein bestes weltliches Bauwerk.

Auch mit dem Trautson-Palais besitzen wir eine Erinnerung an das Wirken der Kaiserin. Denn seit dem Jahre 1760 war hier der Sitz der von jungen Magnaten gebildeten, ungemein malerisch uniformierten Ungarischen Garde. Er blieb es bis 1918. Maria Theresia hatte diese Elitetruppe stets als treueste Gefolgsleute zur Seite. In dem monumentalen Treppenhaus grüßt ein stattliches Ölbildnis der Kaiserin den Besucher. Es ist wie viele ihrer Porträts gleichfalls vom Hofmaler Martin van Meytens geschaffen. In diesem Palais, das jetzt Zentrum der Justizverwaltung Österreichs ist, kommt uns vor dem Gemälde Maria Theresias der Wahlspruch der Herrscherin in den Sinn: „Justitia et clementia" (Gerechtigkeit und Milde). Im großen Kuppelbau der Wiener Hofburg, der erst zur Zeit Kaiser Franz Josephs geschaffen worden ist, wurden auf Wunsch dieses Herrschers die Wahlsprüche seiner Vorfahren durch Figuren im Stil der Antike dargestellt. Der damals vielbeschäftigte Wiener Bildhauer Kauffungen hat die Gestalten zu Maria Theresias Wahlspruch, „die Gerechtigkeit" und „die Milde", gemeißelt.

Das Theresianum

Ein stattliches Gebäude, zu dessen Füßen heute unterirdisch die Wiener U-Bahn dahinrollt, trägt den Namen der Herrscherin selbst. Dieses „Theresianum" in der Favoritenstraße mit seiner langgestreckten, im typischen Kaisergelb gehaltenen und über dem Hauptportal mit dem Doppeladler geschmückten Fassade ist seit mehr als 200 Jahren nicht nur als Bauwerk ein Begriff. Sein Ursprung war das einst als kaiserliche Sommerresidenz verwendete Lustschloß „Favorita", in dem Maria Theresias Vater Karl VI. am 20. Oktober 1740 gestorben ist. Die Herrscherin hat das Schloß von diesem Tage an nie mehr betreten. Sie gab Schönbrunn den Vorzug und ließ es dann von dem Hofarchitekten Nikolaus Pacassi und dem holländischen Gartenarchitekten Adriaan van Steckhoven so gestalten, wie wir es heute kennen. In der „Favorita" jedoch errichtete sie die „Theresianische Ritterakademie" als Bildungsstätte für Söhne adeliger Familien. Nach wechselvollem Schicksal wurde das Institut eine heute allen Bevölkerungsschichten zugängliche Mittelschule mit Internat für besonders begabte Schüler. Hunderte in verschiedenen Berufen sehr bedeutend gewordene Österreicher sind als „Theresianisten" im Lauf der

Geschichte aus dieser Institution hervorgegangen. Heute hat das „Theresianum" auch dadurch Bedeutung, daß die „Diplomatische Akademie Österreichs" seit 1961 in einem der Trakte ihren Sitz hat – gleichsam in Fortsetzung aller von Maria Theresia angestrebten regen geistigen und kulturellen Kontakte mit allen Völkern.

„... tüchtige Offiziers und Österreicher!"

Wiener Neustadt besitzt das Gegenstück zum „Theresianum". Es ist die von der Kaiserin im Jahre 1752 verfügte Einrichtung einer „Adeligen Militär-Schule oder Akademie zur winnerischen Neustadt". Geworden ist aus dieser Gründung, umgeformt in all den Stürmen der Zeiten, die heutige Militärakademie für den Offiziersnachwuchs Österreichs in der Wiener Neustädter Burg. Bezeichnend für den hohen Stand der Ausbildung der theresianischen „Cadetten" war die militärische Schulung durch die Anordnungen des Feldmarschalls Leopold Graf Daun, des Siegers von Kolin. Dazu kam genauer Unterricht in französischer, italienischer und böhmischer Sprache.
War die Anstalt ursprünglich „das Cadettenhaus", so wurde im Jahre 1765 am Uhrturm im Burghof eine bedeutsame Stiftungstafel Maria Theresias angebracht. Das Wort „ACADEMIAM" leuchtet im Text hervor – der Anfang zur heutigen „MILAK" (Militärakademie) war gemacht. Aber in der Umgangssprache wird auch heute noch besonderer Wert darauf gelegt, daß diese Offiziersschule die Theresianische Militärakademie ist. Alle ihre Kommandanten sind stets dem Auftrag Maria Theresias gefolgt, den die Kaiserin einmal bei ei-

nem Besuch dem 26 Jahre lang das Institut leitenden Generalmajor Franz Joseph Graf Kinsky erteilt hat: „Mach' Er mir aus diesen jungen Leuten tüchtige Offiziers und anständige Österreicher!"

Die „ansehnliche" Hofburg zu Innsbruck

Als künstlerisch bedeutsames Wahrzeichen und Erbe aus der Zeit Maria Theresias ist auch die noble Innsbrucker Hofburg auf unsere Tage gekommen. Auch dieses Bauwerk, das im Herzen der „Großstadt im Gebirge" am Rennweg gelegen ist, beweist, daß die Kaiserin stets „was Ansehnlich's tun" wollte. Sie beauftragte im Jahr 1754 den Hofarchitekten Georg Anton Gumpp, drei noch aus dem Mittelalter zur Zeit Kaiser Maximilians I. bestehende Burgen der Tiroler Landesfürsten zu einer einheitlichen Residenz umzubauen. Der Ausbruch des Siebenjährigen Krieges brachte eine lange Unterbrechung der Bautätigkeit, und erst um 1770 hatte Konstantin Johann von Walter diese Residenz im Stil des höfischen Rokoko vollendet. Die Innsbrucker Hofburg zeigt sich als eindrucksvoller, sehr repräsentativer Bau mit prächtig ausgestatteten Sälen und Gemächern. Der Riesensaal – der über zwei Geschosse ragende Hauptraum – weist reichen Rokokoschmuck auf sowie Ölgemälde von Maria Theresia, ihrem Gemahl Franz Stephan und ihren Kindern und Enkeln. Das farbenprächtige Deckengemälde schuf auch hier Franz Anton Maulbertsch. Es stellt eine allegorische Verherrlichung der Vereinigung des habsburgischen mit dem lothringischen Hause dar sowie die Reichtümer Tirols.
Den Wandschmuck im Ordenszimmer bilden Darstel-

lungen von Ordensfesten des Goldenen Vlieses und des Stephansordens. Die Flucht der anderen Gemächer, angeordnet nach dem Tagesablauf des kaiserlichen Ehepaares, präsentiert sich als die einstigen Wohnräume mit reichem Rokokoschmuck und kostbarer Möblierung. Die Kapelle der Hofburg mit dem bedeutenden marmornen Vesperbild von Anton Joseph Sartori war das Sterbegemach Kaiser Franz Stephans. Aber da schmückt noch ein zweites Bauwerk aus den Tagen der Kaiserin die schöne Stadt am Inn: ein dreiteiliger Vorbau nach Art der alten römischen Triumphbogen verbindet als „Triumphpforte" die Maria Theresien-Straße mit der Leopoldstraße. Der stattliche Bau wurde anläßlich der in Innsbruck im Jahr 1765 erfolgten Vermählung eines der Söhne Maria Theresias errichtet. Es war dies Großherzog Leopold von Toskana – der spätere Kaiser Leopold II. –, der die spanische Prinzessin Maria Ludovica in der Hofkirche zum Traualtar führte. Die plastischen Darstellungen an der Triumphpforte beziehen sich auf diese Hochzeit und auf den Tod Franz Stephans. Denn der Gemahl Maria Theresias starb während des Hochzeitsfestes plötzlich an Angina pectoris. Maria Theresia, von tiefster Trauer erschüttert, schnitt damals ihr Haupthaar ab, ließ ihr Wohngemach mit grauen Tüchern ausschlagen und trug von Stunde an bis zu ihrem Tod nur mehr schwarze Kleidung. Auch im Schloß Schönbrunn wurden ihre Gemächer in Grau ausgeschlagen.

Bauherrin vor den Toren Wiens

Der großen Bauherrin Maria Theresia begegnen wir auch vor den Toren Wiens. Während ihrer Regierungszeit erhielt die Schloßanlage von Laxenburg ihre heutige Gestalt. Dazu wurde vom Grafen Daun der „Blaue Hof" erworben, und der emsige Pacassi entwickelte daraus eine repräsentative Schloßanlage mit dem vom Speisesaaltrakt und den Remisen umrahmten Ehrenhof.

Im Marchfeld besitzen wir heute mit den Schlössern Niederweiden und Schloßhof bedeutende barocke Baudenkmäler. Auch um ihre Erhaltung und Ausgestaltung hat sich Maria Theresia große Verdienste erworben. Denn die Schlösser, von dem Türkenbesieger Prinz Eugen erbaut, drohten durch die wenig verständnisvolle Alleinerbin des Vermögens des Savoyers vernachlässigt, vielleicht verschleudert zu werden. Da kauften Maria Theresia und ihr Gemahl im Jahre 1755 Schloßhof sowie das nahe gelegene Niederweiden, und der Baumeister Franz Anton Hillebrandt führte ihre Umgestaltung durch. Das ursprüngliche Aussehen von Schloßhof zeigen 3 berühmte Gemälde Canalettos aus den Jahren 1558–60, die heute in der Gemäldegalerie des Kunsthistorischen Museums verwahrt werden. Als ein Juwel sakraler Baukunst aus der theresianischen Zeit ist die Schloßkapelle von Schloßhof anzusehen. Große Künstler, wie die beiden Italiener Francesco Solimena und Carlo Carlone sowie Santino Bussi, haben hier vollendete Meisterwerke geschaffen. Die auf Wunsch der Kaiserin im Jahr 1770 angelegte stimmungsvolle Allee verbindet heute noch die beiden einstigen Besitzungen der Kaiserin.

Haus Numero . . .

Denkwürdig auf dem Gebiet der Neuorganisationen zur Zeit Maria Theresias war eine Verfügung der schöpferischen Herrscherin im Jahre 1770. Am 10. März dieses Jahres wurde die erste einheitliche Numerierung sämtlicher Häuser in Wien und in den Vorstädten begonnen, nach einer besonderen Norm mit gut leserlichen Zahlen. Denn bis dahin hatte man sich mit Hausnamen, Hauszeichen, Geschäftsschildern und Vulgonamen der Hausbewohner begnügt. Die Hofburg wurde Nr. 1, die Staatskanzlei auf dem Ballhausplatz Nr. 2, das erste Haus des Michaelerplatzes erhielt die Nr. 3 – volle fünf Jahre hat diese durch allerlei Zwischenfälle und unvorhergesehene Widerstände der Wiener erschwerte „Allgemeine Conscription" gedauert. Zur gleichen Zeit hat eine weitere Reformmaßnahme beträchtliches Aufsehen erregt. Vor allem die davon Betroffenen konnten sie kaum verschmerzen: Die Kaiserin verfügte die Aufhebung der Steuerfreiheit für den Adel und den Klerus.

„Herr Hofrat sind schon zweihundert!"

Der Beamtenstaat mit seiner zentralen Staatsgewalt ist eine entscheidende Leistung im gesamten Lebenswerk dieser ungemein dynamischen Frau. Aus ihm ist gleichfalls eine echt österreichische „Institution" hervorgegangen: der Typus des höheren Staatsbeamten, der Herr Hofrat. Das ist ein Titel, der nach der Gründung des ihre Regierung beratenden Staatsrates von der Kaiserin geschaffen wurde. Vor allem für nicht nur – wie bisher – aus dem Adel stammende, sondern

nunmehr auch aus dem fachlich geschulten Bürgerstand hervorgegangene Verwaltungsbeamte. Deren Ratschläge und oft sehr bedeutend gewordene Reformideen wurden direkt dem Hof zugeleitet und häufig auch verwirklicht. Der „Hofrat" wurde zum Begriff für den absoluten integren, korrekten österreichischen Staatsbeamten mit viel Erfahrung und in meist schon reiferen Jahren.
Der Titel „Hofrat", der heute entweder als Auszeichnung verliehen oder durch Beförderung in die entsprechende Dienstklasse als Beamter erreicht wird, hat sich seit „anno Maria Theresia" als eine der vielleicht stärksten Traditionen durch alle Regierungsformen Österreichs bis in unsere Gegenwart behauptet. Auch wenn der zu beratende Hof schon seit dem Ende des Kaisertums im November 1918 nicht mehr existiert. In den Diensten des Bundes gibt es den Hofrat nicht mehr. Bei den Verwaltungsbehörden einzelner Bundesländer aber lebt der Herr Hofrat – bei aller Gesinnungstreue zu unserer Republik – weiter! Auch Österreichs Staatsoberhaupt kann diesen Titel in Würdigung besonderer Verdienste auf den Gebieten des Schulwesens, der Rechtspflege, der Volksbildung und der Wissenschaft verleihen.
Viele bedeutende Österreicher führten im Laufe der letzten 200 Jahre diesen von Maria Theresia geschaffenen Titel. So war beispielsweise der Schöpfer des Allgemeinen Bürgerlichen Gesetzbuches zur Zeit des Biedermeierkaisers Franz I. der Hofrat Spielmann. Franz Grillparzer wurde zum Hofrat ernannt und ebenso Anton Wildgans als Burgtheaterdirektor. Der große Kunsthistoriker Professor Donin und der bedeutende Kunstfachmann unserer Tage, Professor

Feuchtmüller, Ritter von Arneth, der Biograph Maria Theresias, um nur einige als Beispiele für viele ihrer Kollegen zu nennen, sind bzw. waren ein „Herr Hofrat".

Aus diesen Traditionen seit Maria Theresias Tagen entspringt auch eine Geisteshaltung der Beamtenschaft, die durch eine Episode aus der jüngeren Geschichte des Bundeskanzleramtes gekennzeichnet werden soll: Bereits am Tage nach der Beendigung der Kampfhandlungen in Wien im April 1945 hing an der Türschnalle des Tores dieses theresianischen Bauwerkes ein handgeschriebener Zettel. Er forderte alle Beamten, die am Aufbau des wiedererstandenen Österreich mithelfen wollten, auf, sich in ihren früheren Büros in dem historischen Hause einzufinden.

Schulpflicht und „Normalschulen"

Als die zweifellos bedeutendste kulturelle Leistung der schöpferischen Herrscherin Maria Theresia ist ihre Reform des Schulwesens anzusehen. Es wurde die Schule als grundlegender Lehrweg für die gesamte Bevölkerung eingerichtet und der Schulbesuch der Kinder zur Pflicht gemacht. Die Kaiserin hat damit in erster Linie den Orden der Piaristen betraut, der heute noch verschiedene Schulen in Österreich führt. Im Jahr 1769 bestanden in der Wiener Innenstadt bereits

Titelblatt des Druckes einer Vorlesung von Abt Felbiger über die Verbesserung des Schulwesens in Österreich

Die Beschaffenheit und Grösse
der Wohlthat,
welche
Maria Theresia
durch die Verbesserung der deutschen Schulen
Ihren Unterthanen dem Staate u: der Kirche erwiesen hat
eine Vorlesung,
mit welcher
der Oberdirektor des deutschen Schulwesens
in den k.k. Erblanden,
Johann Ignaz von Felbiger,
Probst des Kollegialstifts zu Preßburg
den 15 Kurs der Katechetik am 20 Feb. 1781
endigte.

Prag
im Verlag der K.K. Normalschulbuchdruckerey
1781

6, in den Vorstädten sogar schon 58 Elementarschulen. Von den rund 19.000 schulpflichtigen Kindern besuchten allerdings nur etwa 8000 diese Lehranstalten, da die höheren Stände und vermögenden Leute für ihre Kinder den Privatunterricht mit Hauslehrern bevorzugten. In dem damaligen Piaristenabt Felbiger hatte die Kaiserin bei ihren Bestrebungen einen sehr verständnisvollen Berater. Nach seinen Anregungen konnte die Normalschule im Jahr 1771 eröffnet und drei Jahre später das grundlegende Schulgesetz geschaffen werden.
In der Kiebachgasse in der Innsbrucker Altstadt wurde kürzlich mit der Restaurierung eines steinernen Zeugen dieser Schulreform Maria Theresias begonnen. Es handelt sich um das Haus Nr. 10, in dem die erste theresianische „Normalschule" im Tiroler Land geführt worden ist. Das Haus wurde von dem damaligen Gubernialpräsidenten für Tirol, Cassian Graf von Enzenberg, für die Schule erworben und eine heute gleichfalls noch bestehende barocke Kapelle mit schönen Deckenfresken dazu erbaut.

„Buchstabier-, Les- und Rechen-Büchlein . . ."

Mit der Regelung der Schulpflicht hat die Kaiserin auch die Herausgabe der notwendigen Schulbücher – „Catechismen, Evangelien, Buchstabier-, Les- und Rechen-Büchlein" – in die Wege geleitet. Sie gab dafür

Kaiser Franz Stephan – Ölgemälde in der Präsidentschaftskanzlei in der Wiener Hofburg

Oben: Eingangstor zur Nadelburg in Lichtenwörth, NÖ. (siehe S. 52f.)

Links oben: Riesensaal in der Innsbrucker Hofburg (siehe S. 29)
Links unten: „Nachtzeug" der Kaiserin (siehe S. 50f.)

dem äußerst geschäftstüchtigen Buchdrucker und Verleger Johann Trattner in Wien ein Privileg. Denn dieser hatte es verstanden, sich bei Hof dadurch beliebt zu machen, daß er die von ihm herausgebrachten literarischen Werke zeitgenössischer Schriftsteller genau nach den Wünschen der damals geübten Zensur gestaltete. Trattner verfügte außerdem über das nötige Betriebskapital durch den Besitz eines mit umstrittenen verlegerischen Methoden erworbenen Vermögens. Er brachte nämlich ohne Zustimmung und vor allem ohne Tantiemenzahlungen jedes ihm geeignet erscheinende Werk heraus. Johann Trattner war als kleiner Druckereiarbeiter aus Jormannsdorf im heutigen Burgenland nach Wien gekommen, hatte sich rasch hinaufgearbeitet und war bald ein Mann von Welt geworden – ein Mann mit Geld, ein Mann, der gefällt. Als nützlicher Helfer der Zensur wurde er bald geadelt und verwandelte sich so in den Hofbuchdrukker Johann Thomas Edlen von Trattnern. Das Geschäft blühte, und der erste Schulbuchverleger in Österreich ließ sich auf dem Graben ein vornehmes Haus erbauen: den Trattnerhof. Auf dem Grundstück dieses einstigen Herrschaftshauses stehen heute, voneinander getrennt, zwei Nobelzinshäuser mit der Adresse Graben 29 und 29a. Sie heißen aber weiterhin, ebenso wie die schmale Gasse zwischen ihnen, „Der Trattnerhof". Auch er ist eine Erinnerung an die schöpferischen Maria Theresia.

Oben: Schreibtisch Maria Theresias in der Präsidentschaftskanzlei in der Wiener Hofburg (siehe S. 54ff.)
Unten: Standuhr mit seitenverkehrtem Zifferblatt (siehe S. 54)

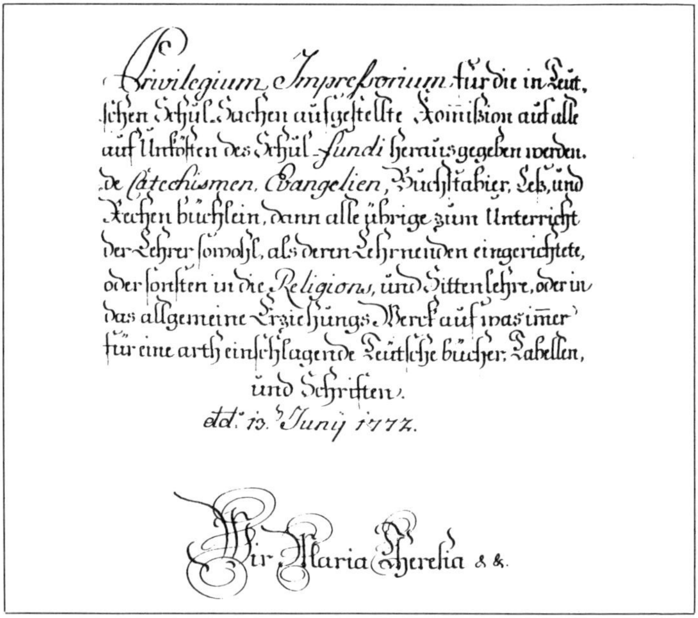

Privilegium Impressorium für die in Teut-
schen Schul-Sachen aufgestellte Komission auf alle
auf Unkösten des Schul-fundi herausgegeben werden.
de Catechismen, Evangelien, Buchstabier, Les, und
Rechen büchlein, dann alle übrige zum Unterricht
der Lehrer sowohl, als deren Lehrnenden eingerichtete,
oder sonsten in die Religions, und Sittenlehre, oder in
das allgemeine Erziehungs-Werck auf was immer
für eine arth einschlagende Teutsche bücher, Tabellen,
und Schriften.
dd. 13. Juny 1772.

Wir Maria Theresia &c &c.

Privilegium impressorium privativum vom 13. Juni 1772, mit dem der Schulbücher-Verlag ins Leben gerufen wurde

Ein direkter Nachfolger des ersten Schulbücher-Verlages in Österreich, einer Institution, die ebenfalls auf Maria Theresia zurückgeht, ist das heutige Wiener Verlagsunternehmen „Österreichischer Bundesverlag", das im Jahr 1972 sein 200jähriges Bestehen feiern konnte.

Der Taler mit dem Bildnis der Kaiserin

Ein ganz anderes, buchstäblich weltweites Denkmal hat sich die Herrscherin mit dem „Maria-Theresien-Taler" gesetzt. Diese Münze wurde zum erstenmal im Jahr 1751 geprägt. Sie zeigt auf der einen Seite ein Re-

Maria-Theresien-Taler

liefbildnis der Monarchin, auf der Rückseite den kaiserlichen Doppeladler. Dieser Taler wurde als Zahlungsmittel zum österreichischen Konventionstaler erklärt und kam durch den damals besonders regen Handelsverkehr mit der Levante als „gutes Geld" sogar bis Nordafrika und nach Abessinien. Er ist in der Türkei unter dem Namen „Buter" und in Afrika mit den Bezeichnungen „Ber" oder „Gersch" bekannt geworden und auch heute noch als wertvolle Münze begehrt.

Nach dem Todesjahr der Kaiserin wurde dieser Taler mit einem neuen Bildnis gemünzt, so wie er heute in Österreich weitergeprägt wird.

Zu einem der aktuellsten Probleme der Gegenwart, dem Natur- und Umweltschutz, finden wir aus Maria Theresias Regierungszeit einige grundlegende Maßnahmen. So hat die Kaiserin den bedeutenden Botaniker Dr. Nikolaus Freiherr v. Jacquin aus den Niederlanden nach Wien kommen lassen. Dieser Forscher legte den heute noch unter den Instituten Europas führenden Botanischen Garten der Universität Wien auf dem Rennweg an. Von hier nahmen auch die Verbesserungen an Saatgut und Nutzpflanzen ihren Ausgang. Ebenso wurden wichtige Schutzpflanzungen angeordnet. Wenn wir vom Riederberg in das Tullnerfeld hinabblicken, sehen wir die gestaffelt angepflanzten schnurgeraden Pappelalleen, die als Windschutz für die weiten Getreide- und Rübenfelder wirken. Anpflanzungen zum Schutz gegen Sandverwehungen durch Wind wurden in der weiten Ebene des Steinfeldes südlich von Wien angelegt. Wir kennen sie heute als die schönen, regelmäßig geforsteten Föhrenwälder zwischen Wiener Neustadt und Neunkirchen sowie zur Buckligen Welt hin.

Als Naturfreundin hat Maria Theresia auch den Anfang gemacht mit der Erschließung des Praters. Mit einem Dekret im Jahre 1759 gestattete sie zunächst den teilweisen Besuch des Praters, der bisher als kaiserlicher Wildbann streng abgeschlossen war. Allerdings mit sehr ernster Ermahnung zur Schonung des Wildes. Es durften nur die Hauptallee und deren nahe Umgebung betreten werden. Hunde waren verboten, ausgenommen ganz kleine, „die denen Damesen erlaubt seyn sollen". Der reformfreudige Sohn und Mit-

regent der Herrscherin, Kaiser Josef II., hat mit einer Verfügung vom 7. April 1766 den ganzen Prater freigegeben, „die allzu abgelegenen Orte und dicke Waldungen wegen sonst zu besorgenden Unfugs und Mißbrauchs alleinig ausgenommen".
Die Öffnung des Praters war das Signal zu einer ungeahnten Entwicklung der Volksbelustigung, verbunden mit recht nahrhaften Genüssen für die Wiener. Merkwürdigerweise hat gerade ein Sprachlehrer namens Johann Damen die Erlaubnis erhalten, die erste „Hutschen", die typische Praterschaukel, aufzustellen und daneben das erste Ringelspiel. Noch im gleichen Monat meldeten sich 66 Weinwirte, 46 Bierwirte sowie einige Fleischselcher, eine Krapfenbäckerin, ein Schokolademacher und ein Händler mit Salat und Rettich als Gewerbetreibende in dem neuen Erholungsgebiet an.

Theresien-Orden bis 1918

Die vielumstrittene altrömische Weisheit „Der Krieg ist der Vater aller Dinge" hat sich in der Epoche Maria Theresias in manchen Punkten bewahrheitet. Die großen militärischen Auseinandersetzungen mit Bayern, Frankreich und Preußen haben die alte österreichische Armee geschaffen. Der höchste Tapferkeitsorden, den es in diesem Heer gab, war der Maria-Theresien-Orden. Er wurde von der Kaiserin nach dem großen Sieg der Österreicher unter Leopold Graf Daun über den Preußenkönig bei Kolin in Böhmen im Jahre 1757 gestiftet. Sie selbst hat das erste Exemplar dieser Auszeichnung bei einem Festakt in der Hofburg dem Sieger Daun an die Brust geheftet. Theresienritter zu

Insignien des Maria-Theresien-Ordens

werden war eine sehr seltene Auszeichnung, die für kluges und besonders tapferes Verhalten vor dem Feinde zuerkannt wurde. Über 1500 österreichische Offiziere haben den Orden, mit dessen Verleihung die Erhebung in den Freiherrnstand und die Zuerkennung einer Ehrenpension auf Lebenszeit verbunden war, bis zum Zusammenbruch der alten Armee am Ende des Ersten Weltkriegs verliehen bekommen.
Für Maria Theresia war der Sieg des Grafen Daun bei schwieriger Kriegslage das größte Geschenk „meiner Soldaten". Sie hat den Tag von Kolin stets „den Geburtstag der Monarchie" genannt. Als Graf Daun starb, ließ ihm die Kaiserin das heute noch viel be-

Rechts: Bericht an die Herrscherin über die Schlacht bei Kolin

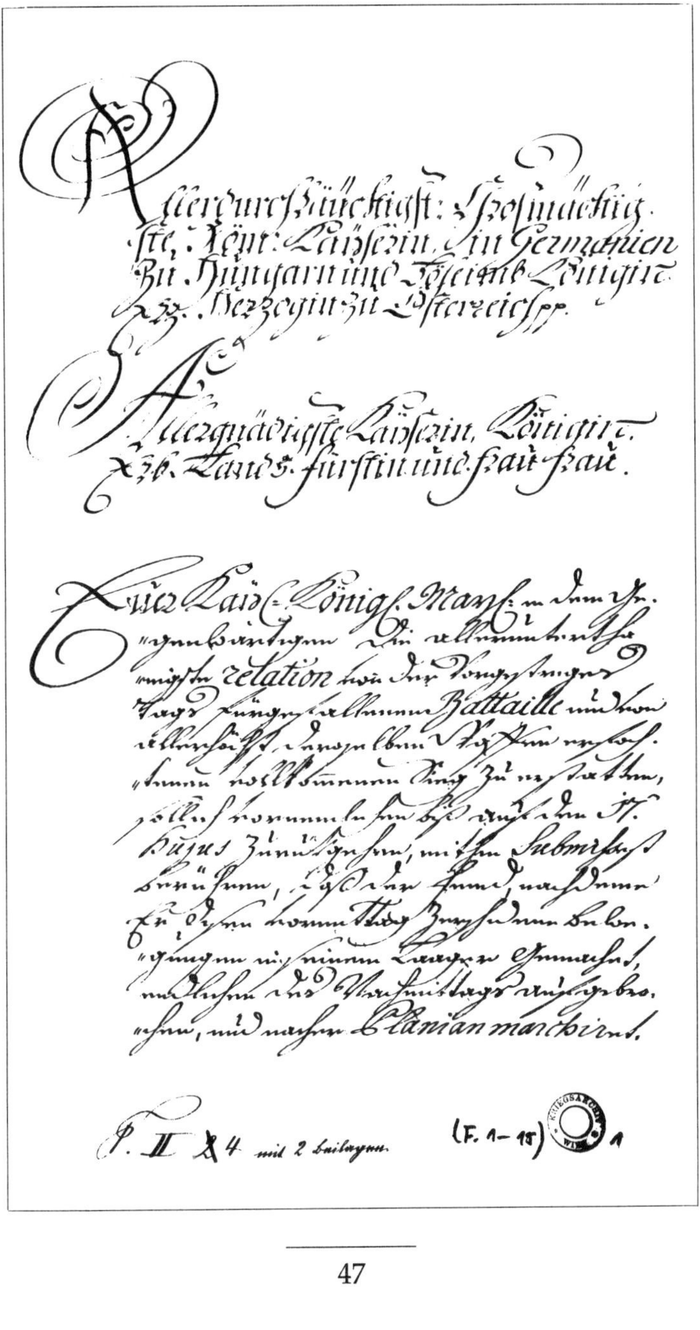

Allerdurchleüchtigst: Großmächtig-
ste, Röm: Kaÿserin, Zu Germanien
Zu Hungarn und Böheimb Königin
etc. etc. Herzogin zu Österreich etc. etc.

Allergnädigste Kaÿserin, Königin etc.
etc. Landsfürstin und Frau Frau.

Euer Kais. Königl. Mayt. in dem Ihr-
eingehändigten die allerunterthä-
nigste relation von der vorgestrigen
Tags fürgefallenen Battaille und von
allerhöchst denenselben [illegible] erhal-
tenen vollkommenen Sieg zu erstatten,
solle [illegible] bis auf den 17.
huius zurückziehen, mithin submissest
berichten, daß der Feind, nachdem
er [illegible] Zug [illegible] ge-
[illegible] in seinem Lager genommen,
welchen er des Nachmittags aufgebro-
chen, und nacher Planian marchiret.

P. II [illegible] 4 mit 2 beilagen (F. 1–15) 1

wunderte Prunkgrabmal in der St.-Georgs-Kapelle der Augustinerkirche errichten. Es zeigt einen großen Relief-Fries, ein in seiner Art einmaliges Kunstwerk. Auf diesem ist in Gold-Bronze-Guß die Schlacht bei Kolin in allen Einzelheiten dargestellt. Als besondere Auszeichnung für den Feldmarschall – es gibt kein Gegenstück dazu! – verfügte Maria Theresia, daß eine Büste von ihr, die sie in Witwenkleidung zeigt und die ein Werk Balthasar Molls ist, auf dem Grabmal des Siegers von Kolin aufgestellt wurde. Gleichsam als persönliche Totenwache der Herrscherin bei ihrem Paladin bis zur dereinstigen Auferstehung des Grafen Daun am Jüngsten Tag.

Maria Theresia als Amazone

Ein anderer Sieg der Truppen der Kaiserin lebt weiter in der Erinnerung durch ein prunkvolles Schaustück in der Wagenburg von Schloß Schönbrunn. Es ist der reichgeschnitzte Muschelwagen, in dem die Monarchin bei dem prächtigen „Frauen-Caroussel" am 2. Januar 1743 eine illustre Gesellschaft in Erstaunen setzte. Die damals 26jährige Herrscherin ordnete zur Feier der Wiedereroberung Prags durch die Österreicher im Schlesischen Krieg ein Reitfest in der Winterreitschule der Wiener Hofburg an. Sie hatte sich schon wiederholt bei tollkühnen Parforcejagden in Laxenburg als Meisterin im „männerisch" Reiten ohne Damensattel gezeigt. Aber bei diesem Freudenfest verblüffte sie Adel, Diplomaten und sogar den ehrwürdigen päpstlichen Nuntius. Denn Maria Theresia führte selbst die erste reitende Quadrille phantastisch kostümierter Amazonen an und „entzückte alles durch

Anmut und Sicherheit, mit welchen sie die Waffenübungen mit Lanzen, Degen und Pistolen ausführte".

Der Juwelenstrauß für Franz Stephan

Maria Theresia hatte die Prunkliebe von ihrem Vater geerbt, und erst in späteren Jahren setzte eine etwas größere Sparsamkeit ein. Diese war vor allem durch die enormen Lasten der Kriege notwendig geworden. Dennoch hat die Kaiserin anläßlich des 20. Jahrestags ihres Regierungsantritts dem Gemahl ein kostspieliges Geschenk einmaliger Art gemacht. Es ist der berühmte Blumenstrauß aus Edelsteinen, der heute zu den großen Kostbarkeiten der Wiener Schatzkammer zählt. Die Herrscherin wählte das Präsent im Hinblick auf die große Naturaliensammlung Franz Stephans, der schon als junger Herzog von Lothringen die Liebhaberei des Sammelns und Studierens von Edelsteinen pflegte. Der „Blumenstrauß" enthält 73 Edelsteingruppen. Er besteht aus 71 „Blüten" und „Früchten" und 12 sie besuchenden „Insekten". Es wurden etwa 1500 Farbsteine und 1200 Diamanten verarbeitet – von der Größe des Solitärs bis zur kleinsten Raute. Die Körper und Flügel der kleinen Insekten sind aus Achaten geschnitten, Fühler und Beinchen mit feinen Rauten besetzt.
Die Blüten selbst wirken überraschend natürlich durch den Schnitt der Juwelen zu Blütenblättern. Die Buntheit der Edelsteine ergibt den Eindruck färbiger Blumen. Smaragde, purpurrote Rubine, ein großer blauer Topas, daneben Goldtopase, tiefblaue Saphire und Edelopale sind hier vereint. Blättchen aus Smaragd, ganz kleine Blüten aus Türkisen und roten Korallen

ergänzen das prachtvolle Kunstwerk. Der „Blumenstrauß" ist 32 cm hoch, 22 cm breit und steht in einer Vase aus Bergkristall. Der Kunstschatz ist kennzeichnend für die Art der Verarbeitung von Edelsteinen zu den kostbaren Wiener Juwelen aus der Zeit Maria Theresias.

Taufkleidchen und „Nachtzeug"

In der Wiener Schatzkammer erinnern auch andere Kostbarkeiten an Maria Theresia. Da blitzen und funkeln in einer Vitrine Hunderte von Perlen auf dem prunkvoll bestickten Kleidchen, in dem schon am Tag ihrer Geburt – 13. Mai 1717 – die kleine Erzherzogin auf die Namen Maria Theresia Walpurga Elisabeth Katharina getauft wurde. Daneben glänzt und blinkt das Gold an Weihwasserkännchen und Taufbecken. In den Schaukästen der Reichskleinodien hingegen sind jene Reliquien zu sehen, die an diesem denkwürdigen Tag im Rittersaal der Hofburg den Hausaltar zur Taufe geschmückt haben: Krippenholz und Nägel vom Kreuz und ein Dorn aus der Krone des Heilands.
Auch das sogenannte „Nachtzeug" der späteren Herrscherin gehört zu den Kostbarkeiten, die aus Maria Theresias Tagen noch in unserem Besitz sind. Es sind 70 Gebrauchsgegenstände aus schwerem Gold. Die Hälfte umfaßt eine hochbarocke Toilettegarnitur, zu der Spiegel, Waschbecken, Puderbüchschen, Flakon, Zahnbürsten und merkwürdigerweise auch zwei Rasiermesser gehören. Daraus ist zu schließen, daß dieses „Nachtzeug" nicht nur der Kaiserin, sondern auch ihrem Gemahl zu dienen hatte.
Die Toilettegegenstände werden ergänzt durch ein

Frühstücksservice. Dieses besteht aus reizvoll gearbeiteten Kannen, Bechern und Tassen sowie Büchsen für Kaffee, Tee, Schokolade und Zucker. Der Wiener Goldschmied und Medailleur Anton Domanek hat dieses „Nachtzeug" geschaffen. Es wurde nach Maria Theresias Tod auf Anweisung ihres Sohnes Joseph II. der kaiserlichen Schatzkammer übergeben. Einige Stücke davon sind heute in der Sammlung für Plastik und Kunstgewerbe des Kunsthistorischen Museums zu sehen.

„Verstaatlichte" Porcellain-fabrique

Andere kostbare Frühstücksservice, bemalt, goldgerändert, hauchfein, sind uns gleichfalls aus theresianischer Zeit erhalten. In den Schaufenstern eleganter Geschäfte in der Kärntner Straße, auf dem Graben oder in der Mariahilferstraße präsentieren sich schön gearbeitete Speiseservice, schlanke Vasen, elegante Figuren und unter diesen die bekannten noblen „Augarten-Reiter". Sie alle erinnern an das Wirken der schöpferischen Herrscherin Maria Theresia. Denn die heute weltbekannte Wiener Porzellanmanufaktur Augarten ist ihrem Ursprung nach ein Werk der kunstsinnigen Kaiserin.
Der Staat übernahm vier Jahre nach ihrem Regierungsantritt von dem einstigen Hofagenten Claudius Innozenz du Paquier die von ihm mit einem kaiserlichen Privilegium in Wien in der Roßau gegründete „Porcellain-fabrique". Bis zum Jahre 1784 blieb das Unternehmen – um es mit einem Wort unserer Tage zu charakterisieren – „verstaatlicht". Die wichtigste Neuerung zur Kennzeichnung dieses Porzellans aus

Wien war die Einführung des Staatswappens, des Bindenschildes. Dieser wurde anfangs eingepreßt, eingeritzt oder farbig in Rot, Gold, Schwarz, Purpurrot über der Glasur angebracht. Ab 1749 wurde der unterglasurblaue Bindenschild Vorschrift. Drehte man ein Werkstück in der Hand um, zeigte sich der Bindenschild wie ein nach oben spitz zulaufender Bienenkorb. Von diesem Jahr an sprach alle Welt nur von dem Porzellan aus Wien „Marke Bienenkorb". Die heute gebrauchte Bezeichnung „Augarten-Porzellan" wurde erst üblich, als die Manufaktur nach mancherlei Schwierigkeiten im Laufe der Jahrhunderte nach dem Ersten Weltkrieg in Baulichkeiten des Augartens übersiedelte.

„Arbeiterkolonie" in der Nadelburg

Wo die Fischa gemächlich ihren Weg durch die Ebene des Steinfeldes nimmt, ist in dem kleinen Ort Lichtenwörth eine interessante Fabrikskolonie der theresianischen Epoche zu sehen. Es ist die sogenannte „Nadelburg", die in ihrer Anlage an ein altrömisches Militärlager denken läßt. Da ist die große Umfassungsmauer mit einem eigentlich erschreckend häßlichen Doppeladler-Tor um diese auf Geheiß der Kaiserin im Jahr 1753 errichtete Ansiedlung von Nadelschmieden. Aufgereiht wie Soldaten bei einer Parade stehen in diesem historischen Ortsteil von Lichtenwörth die einstigen Arbeiterhäuser. Ihnen gegenüber eine der alten Werkshallen mit vorgebautem Bogengang, der dem ganzen Straßenzug ein fast ungarländisches Aussehen gibt.
Die Hauptstraße der „Nadelburg" schließt eine eigen-

artige Kuppelkirche mit zwei gedrungenen Seitentürmen ab. Sie wird seltsamerweise als „Fabrikskirche" bezeichnet. Auf Wunsch der Kaiserin wurde sie der heiligen Theresia geweiht und ausschließlich für die Fabriksarbeiter der „Nadelburg" errichtet. Auf Bitten der Herrscherin hat der Architekt von Schloß Schönbrunn, Nikolaus Pacassi, das Gotteshaus entworfen. Der querovale Raum weist architektonische Akzente auf, wie sie in der berühmten Wiener Karlskirche zu sehen sind. Auch die kühn geschwungene Orgelempore und das reiche Altartabernakel lassen den bedeutenden Barockmeister erkennen. Die „Nadelburg" präsentiert sich als eine der von Maria Theresia errichteten Industriesiedlungen auf dem Steinfeld noch im Originalzustand. Zu diesen Ortsgründungen zählt das damalige Zentrum Theresienfeld, wo die Monarchin als junge Herrscherin von ihrem reizenden Standbild uns sehr selbstbewußt anlächelt . . .

Mater regnans

Vor 200 Jahren hat Maria Theresia ihr Leben erfüllt. Der objektive Betrachter muß nach all den hier aufgezählten Tatsachen feststellen: Bei vielen Fehlern, Mißgriffen und Irrtümern – von denen auch sie gewiß nicht frei war – hat diese Herrscherin versucht, ihr Bestes zu geben. „Sie tat es", berichtet einer ihrer Biographen, „mit der Macht souveräner Weiblichkeit." Ein anderer sagt von ihr: „Eine überaus willensstarke Persönlichkeit, die aber stets eine Frau geblieben ist." Auch ein dritter Erforscher ihrer Zeit soll zu Wort kommen: „Sie war in ihren Wesenszügen und Handlungen eine ‚mater regnans' – eine regierende Mutter!"

EIN DAMENSCHREIBTISCH ERZÄHLT ...

Im Salon des Bundespräsidenten

„Der Herr Bundespräsident läßt bitten ..." Mit diesen Worten wird heute ein Besucher der österreichischen Präsidentschaftskanzlei im Leopoldinischen Trakt der Wiener Hofburg in den Empfangssalon des Staatsoberhauptes geleitet. Der große, dreifenstrige Raum war Maria Theresias Schlafgemach während ihrer Witwenzeit, und hier ist sie auch gestorben. Ihr Zimmer war damals mit dunkelrotem, goldbesticktem Samt bespannt, von dem noch einzelne Stücke den Raum schmücken. Ein Gemälde in dem Empfangssalon zeigt das Prunkbett der Monarchin. Es befand sich in der Mitte der Längswand. Der mächtige Haken in der Decke des Zimmers, der damals den schweren Samtbaldachin hielt, wurde erst nach dem Einzug der Präsidentschaftskanzlei in die theresianischen Gemächer entfernt.

In diesem Salon steht auch die wunderliche Standuhr mit dem verkehrten Zifferblatt. Das Kunstwerk – mit Schildpatt, Silber, Gold und feinen Gravierungen reich geschmückt – läßt die Uhrzeiger in verkehrter Richtung sich bewegen. Dadurch konnte die im Alter sehr korpulente Kaiserin, im Bette liegend, mit Hilfe eines Spiegels die Uhrzeit ablesen, ohne sich umwenden zu müssen.

Gegenüber dieser seltsamen Uhr kann man in dem historischen Raum der Präsidentschaftskanzlei einen besonderen Zeugen aus Österreichs Geschichte sehen – es ist Maria Theresias Schreibtisch! Der bekannte Pariser Kunsttischler André Charles Boulle hat diesen noblen Schreibsekretär mit kostbaren Einlegearbeiten aus Elfenbein, Perlmutter, Schildpatt und Bronze geziert. Von diesem Schreibtisch aus ist einst 40 Jahre hindurch österreichische und damit europäische Geschichte gemacht worden! Aberhunderte von Schriftstücken, Akten und Staatsdokumenten hat Maria Theresia als einzige jemals in der Hofburg regierende Frau hier unterschrieben, hat Gesetze und Verfügungen durch ihre Unterschrift wirksam werden lassen. Aber sie hat auch oft mit einem Federstrich allerpersönlichstes Schicksal heute namenlos gebliebener Menschen

Eigenhändiges Billett der Kaiserin zu einer Denkschrift über Polen

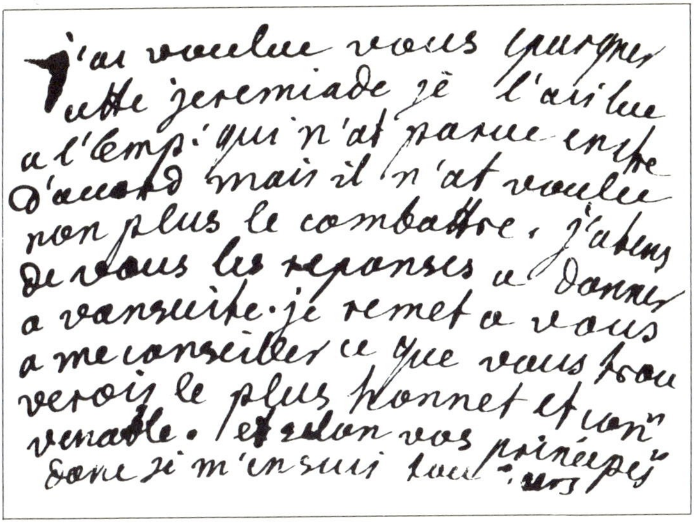
j'ai voulue vous epargner
cette jeremiade je l'ai lue
a l'emp: qui n'at parue entre
d'accord mais il n'at voulue
non plus le combattre. j'atens
de vous les reponses a donner
a vansuite. je remet a vous
a me conseiller ce que vous trou
verois le plus honnet et con
venable. et selon vos principes
donc je m'en suis tout

gelenkt, hat Bittschriften bewilligt und vor allem: Sie hat Tausende Briefe geschrieben! Denn Maria Theresia war eine der fleißigsten und ausführlichsten Briefschreiberinnen der Geschichte, wozu schon die rege Korrespondenz allein mit ihrer überaus weitverzweigten Familie beigetragen hat.
Die historische Forschung hat – gestützt auf das sehr viele Briefschaften verwahrende österreichische Staatsarchiv – manches aus dem Briefwechsel veröffentlicht. Diese oft höchst persönlichen Dokumente geben ein aufschlußreiches Bild vom Wesen dieser außergewöhnlichen Frau. Selbst das Tintenfaß und die Streusandbüchse Maria Theresias könnten viel erzählen. Denn auch sie werden in dem eleganten Damenschreibtisch noch immer verwahrt.

Hasardieren und Kaffeetrinken

Maria Theresia ganz persönlich! Die über diesen Schreibtisch gegangenen Briefe, tagebuchartigen Notizen, Kalenderanmerkungen und oft recht drastischen Aktenvermerke stellen uns die Kaiserin als Mensch vor. So erfahren wir zum Beispiel, daß die Herrscherin als junge Erzherzogin und auch noch in den ersten Ehejahren eine leidenschaftliche Spielerin war. Im Wiener Stadtteil Wieden steht das Eckhaus Große Neugasse Nr. 1 – Wiedner Hauptstraße. Dieses

Maria Theresia – Gemälde von Martin van Meytens in der Präsidentschaftskanzlei in der Wiener Hofburg

La belle
Chocolatière",
Pastell von
Jean Etienne Liotard
(siehe S. 74f.)

Joseph II.

„Töchterstein" in Schönbrunn (siehe S. 71)

471

THERESIANISCHE AKADEMIE

Altwiener Haus kann einen Hinweis für das kühne Hasardieren der späteren Kaiserin geben. Denn es führt noch immer den alten Hausnamen „Abgebranntes Haus", was jedoch keineswegs auf eine Feuersbrunst hindeutet. Es befand sich hier vielmehr einst ein geheimer, eleganter Spielsalon, in welchem die junge Maria Theresia in einer Nacht mit ihrem ganzen, reichlich mitgebrachten Geld völlig „abgebrannt" ist. Eine Bezeichnung, die heute noch der Wiener Volksmund gebraucht, um plötzliche völlige Ebbe in der Kassa anzudeuten.
Als echte Wienerin war die Kaiserin zeitlebens einem guten Kaffee sehr zugetan. Wir kennen sowohl Briefschaften als auch Aktenstücke, auf denen verräterische Flecke zeigen, daß ihr „ein gutes Schalerl Kaffee" auch bei der Arbeit des Regierens geschmeckt hat.
Über ihren Damenschreibtisch lief auch ein Schriftwechsel der Herrscherin, der sich mit dem Kaffeetrinken im Zusammenhang mit der Gründung des alten Burgtheaters befaßte. Am 14. März 1741 unterschrieb sie einen Verwaltungsakt, der als Auftakt zum Entstehen des weltberühmten Bühnenhauses auf der Wiener Ringstraße gewertet werden kann. Mit diesem Dokument wurde dem Wiener Bürger Franz Selliers gestattet, das alte, leerstehende Ballhaus des Hofes auf dem Michaelerplatz in ein Theater umzuwandeln.
Es traten in diesem Theater italienische Operngesell-

Oben: Schlößl der „Fuchsin" in Rodaun, Ketzergasse (siehe S. 71f.)
Unten: Theresianum, Wien, Favoritenstraße (siehe S. 27f.)

schaften und französische Schauspielertruppen auf. Selliers erzielte jedoch wenig Einnahmen und ersuchte deshalb die Kaiserin um Erlaubnis, im Theater auch Kaffee ausschenken zu dürfen. Dies lehnte die Herrscherin aber in resoluten Worten ab „zum Schutze und Nutzen derer Kaffeesieder in unserer Stadt".

Schon damals: Theatersubvention

Für den Betrieb des so entstandenen „Theaters nächst der Burg" mußte Maria Theresia aber tüchtig zuschießen. Sie verlangte bei Neuanschaffungen von Dekorationen, die 200 Gulden überstiegen, einen ihr persönlich vorzulegenden Kostenvoranschlag und schrieb auf dem diesbezüglichen Akt eigenhändig dazu: „Denn es ist gar keine Schande, wenn die Leute sehen, daß auch da gespart wird, was nöthig ist." Die kurioseste Verordnung für das Burgtheater hat Maria Theresia am 1. Juli 1759 auf ihrem Schreibtisch unterzeichnet. Zur Erhöhung der Kasseneinnahmen wurde dekretiert: „Ich bewillige, daß in dem Theater auch Karten gespielt werde wie in Mailand, auch verbotene Spiele (notabene!), jedoch mit der Restriction, daß nur um bares Geld gespielt werde, daß das Spiel nicht länger dauere als die Comödie ..." Vor Beginn dieses Spieles, das sich großer Beliebtheit erfreute, mußten allerdings 10 Dukaten an die Theaterkassa entrichtet werden.

Daß Maria Theresia stets eine schwache Seite für Glücksspiele hatte, beweist ihr Dekret über die Einführung der Zahlenlotterie. Die erste Ziehung fand am 21. Oktober 1752 in dem damals auf dem Augustinerplatz eingerichteten Lotteriebüro statt. Der Zulauf war gewaltig und brachte dem Staatssäckel beträchtliche Einnahmen. Wohl gab es viele moralische Bedenken, die dagegen sprachen, aber die Kaiserin gab zu verstehen: „Warum sollen die Leute ihr gutes Geld in Mailand setzen und nicht viel besser hier in Wien?“ Die von ihr geschaffene Institution hat sich seit mehr als 200 Jahren behauptet. Das „Kleine Lotto“ unserer Tage übt noch immer einen so großen Reiz auf die Spieler aus, daß sogar die letzten Ziehungsergebnisse noch nach den abendlichen Nachrichten des Österreichischen Rundfunks bekanntgegeben werden, womit also auch die Ätherwellen regelmäßig von einer erprobten Einrichtung Maria Theresias Kundschaft geben.

Wo immer in Österreich beim „Heurigen“ der junge Wein genossen wird, müßte in froher Runde auch ein Glas getrunken werden mit einem allgemeinen „Prosit, Kaiserin Maria Theresia!“. Denn auch die grundlegende Buschenschankordnung, nach der sich heute der Heurigenbetrieb abwickelt, ist mit einer klug durchdachten Verordnung der theresianischen Zeit bestimmt und geregelt worden. Sie faßte die damals recht verschiedenen Vorschriften über die Arten und Zeiten des Ausschenkens von Wein außerhalb der Stadt zusammen. Auch das „Ausstecken“ – die begrenzte Zeit des Ausschanks von Eigenbauwein durch die Weinhauer selbst –, die wohlbekannten Zeichen des „grünen Kranzerls", des Reisigbuschens und des grünen Laternderls sind in dieser theresianischen Heurigenordnung enthalten.

Extrastüberl und Zuckerbäckerstiege

Die Freunde österreichischer Gastlichkeit und die Veranstalter von Hochzeitstafeln, Geburtstagsfeiern oder geselligen Treffen in geschlossenem Kreis wissen die Einrichtung des „Extrazimmers" in Gaststätten zu schätzen. Auch diese in manchen Gegenden des Landes mehr familiär-vertraulich gebrauchte Bezeichnung „Extrastüberl" geht auf eine persönliche Verfügung Maria Theresias zurück. Die Kaiserin wünschte, daß ihre meist bescheiden besoldeten jungen Beamten und Offiziere nicht nur in billigen Volks-Wirtshäusern essen und trinken können sollten, sondern ihre Mittagmahlzeiten „in einem anständigen Gasthaus standesgemäß und wohlfeil bekommen". So ging denn eines Tages über den Schreibtisch in der Hofburg auch die Verordnung zur Einrichtung von „Extrastübeln" in bestimmten Wiener Gaststätten. Es wurde dabei auch die heute noch gängige Einrichtung des „kleinen Menus" geschaffen. Die Herren hatten die Wahl, eine „Kost" mit sieben Speisen um 24 Kreuzer oder eine einfachere um 12 Kreuzer mit nur fünf Speisen zu nehmen.

Gleichfalls mit einer Vorsorge für Gaumenfreuden hängt die Zuckerbäckerstiege in der Wiener Hofburg zusammen. Sie ist im Leopoldinischen Trakt unweit der Adlerstiege heute noch als Treppenaufgang in Verwendung. Die Stiege führt zu jenen Gemächern hinauf, in denen die zahlreiche Kinderschar Maria Theresias untergebracht war. Der Bedarf an Süßigkeiten war stets groß. An ihrem Schreibtisch voll Briefschaften und Aktenstücken hat die Kaiserin auch auf ihre „Naschkatzeln" nicht vergessen. Sie legte in der Hausordnung der Hofburg fest, daß diese Stiege „insbesondere durch die Hof-Zuckerbacher" zu benützen sei.

Mit dem Kinderreichtum der Herrscherin steht auch der im dritten Stockwerk des Leopoldinischen Traktes gelegene „Fräuleingang" in Zusammenhang. Hier befanden sich die Wohnräume der zahlreichen weiblichen Wesen verschiedener Gesellschaftsklassen, welche zu den Hofhaltungen der einzelnen kleinen kaiserlichen Hoheiten gehörten. Denn jedes Kind erhielt von Geburt an einen eigenen Hofstaat, von der Kinderfrau bis zur Gouvernante und anderen weiblichen Bediensteten. Da im Lauf der Zeit 16 Sprößlinge Maria Theresias geboren wurden, ergab sich ein ganzer Troß von solchen „Fräulein".

Geheimaufgang zur Hietzinger Kirche

Verordnungen über Verordnungen, eine Verfügung, eine oft sehr einschneidende Bestimmung nach der anderen – sie alle sind an dem wohl mehr zur eleganten Repräsentation und nicht zum straffen Regieren geschaffenen Schreibtisch konzipiert worden. Freilich stets im Beisein maßgeblicher Fachleute, erfahrener Ratgeber, aber dennoch nach eigenen Überlegungen der Kaiserin. Da war auch eine Maßnahme, welche die sonst sehr religiöse und bekannt fromme Herrscherin zur Entrüstung des Klerus verfügte. Es wurden

28 kirchliche Feiertage und dazu 17 Halbfeiertage, an denen nur nachmittags hatte gearbeitet werden dürfen, abgeschafft. Dagegen sich widersetzende Geistliche wurden kurzerhand verhaftet und für einige Zeit auf der Burg Greifenstein festgehalten. Die Herrscherin bestimmte außerdem, daß der Geistlichkeit keine großen Schenkungen mehr zugewendet werden durften. Es sollte auch kein Priester mehr allein bei einem Sterbenden das Testament entgegennehmen.

Gleichsam ein Gegensatz zu solchen Verfügungen waren die Anordnungen für die altehrwürdige Pfarrkirche auf dem Hietzinger Platz in Wien. Während ihrer Sommeraufenthalte im Schloß Schönbrunn pflegte die Herrscherin gerne der Morgenandacht in dieser damals inmitten einer dörflichen Umgebung stehenden Kirche beizuwohnen. In dem traditionsreichen Gotteshaus mit der in der Kunstgeschichte oft genannten Darstellung des „Hüat's enk-Wunders" mit der Mariazeller Gottesmutter wird heute noch das Maria-Theresia-Oratorium gezeigt. Hier pflegte die Herrscherin hinter der verglasten Brüstung, auf einem Betschemel kniend, die Messe anzuhören. Um die Kirche möglichst unbemerkt betreten zu können, ordnete die Kaiserin die Errichtung jenes überdachten schrägen Aufganges an, der vom Hof des Gärtnerhauses neben dem Hietzinger Tor des Schönbrunner Parks direkt in das Oratorium führt. Auch dieser eigenartige Bauteil der als Marien-Heiligtum von Wallfahrern viel besucht gewesenen Kirche ist somit eine steinerne Erinnerung an Maria Theresia.

Einige Zeit war der Augustiner-Chorherr Joseph Berger aus dem Stift Klosterneuburg der Hietzinger Pfarrer. Maria Theresia hat mit Vorliebe bei diesem Priester gebeichtet. In der Schatzkammer des Stiftes wird heute noch ein von großer seelischer Dankbarkeit zeugender persönlicher Brief der Kaiserin an Pfarrer Berger verwahrt, ebenso eine Locke ihres Haupthaares.

Aus Maria Theresias Briefen

Die Briefschreiberin Maria Theresia! Dazu gäbe es viel zu sagen. Die Literatur des 20. Jahrhunderts kennt eine Reihe bedeutender Werke namhafter Historiker, die aus den Korrespondenzen der Kaiserin diese einmalige Persönlichkeit als Herrscherin, Frau und Mutter ausführlich darstellen. Sind manche Handschreiben mit Weisungen in staatspolitischen und gesetzesreformatorischen Angelegenheiten auffallend kurz gehalten, so hat vor allem die Mutter Maria Theresia sehr umfangreiche Briefe an ihre Kinder und auch an deren Ehegatten geschrieben. Hiezu könnte der kostbare Schreibtisch im Salon des Bundespräsidenten manches erzählen.

Vor allem in ihrem letzten Lebensjahrzehnt schrieb die alternde Maria Theresia besonders viele Briefe an ihre Familie. Den Töchtern gab sie Ratschläge für das Eheleben, wie der Gatte psychologisch zu behandeln sei, wie der Egoismus am besten bekämpft werde. Und immer wieder bekannte sich die Kaiserin dabei absolut zur Unterordnung der Frau gegenüber dem Mann im Familienleben. Bezeichnend ist in vielen Briefen der mütterliche Befehl: „Jeden Monat lesen!" Es kommt auch immer wieder die Ermahnung vor: „Ihr seid meine Repräsentanten, vergeßt das nie!"

Auf dem schönen Damenschreibtisch sind auch geradezu philosophische Gedanken zu Papier gebracht worden: „Besser als selbst zu täuschen ist, getäuscht zu werden, was wir in Unserer Position nicht vermeiden können." Die Kaiserin erkannte auch: „Es gibt nur ein wirklich kostbares Gut, das ist die Zeit! Denn sie ist unwiederbringlich." Viel Lebenserfahrung einer klugen Herrscherin spricht aus den Zeilen: „Man kann auch fehlen durch allzuviel Strenge und Eifer in seinen Pflichten. Die Menschlichkeit lädt uns nicht geringe Nachgiebigkeit auf. Ich habe mich immer gut dabei befunden." Und sehr überraschend ist es, von der Hand einer Frau geschrieben zu lesen: „Mit Bedauern muß ich sagen: Die Frauen sind oft gefährlicher als die ausschweifendsten Männer."

Sehr viel Lebensweisheit, aber auch Verantwortungsbewußtsein für das hohe Amt beweisen die Worte: „Wie kann einer als Herrscher bestehen, wenn er die Menschen nicht liebt?" Als die alternde Herrscherin im Jahre 1779 einen leidvollen Konflikt durch den Frieden von Teschen beilegen konnte, fand sie gegenüber ihren Ratgebern die Worte: „Aber vergesset niemals: Lieber ein mittelmäßiger Frieden als ein glücklicher Krieg."

Namenszug Maria Theresias

Als im Jahre 1766 Maria Theresias Lieblingstochter, Maria Christine, vor der Hochzeit steht, gibt ihr die Mutter ausführliche Ratschläge. Sie ermahnt die junge Braut, sich immer bescheiden zu kleiden, „weil einer verheirateten Frau nicht mehr gestattet ist, was einem Mädchen wohl angeht". Sie warnt vor Koketterie und Eitelkeit, rät zu absoluter Diskretion und betont: „Du mußt auch mit den unschuldigsten Liebkosungen sparsam sein, Du mußt trachten, daß man sie sucht und verlangt. In unserem Jahrhundert will man vor allem keinen Zwang ..."

Tragödien um zwei Kaisertöchter

Der Gatte der Erzherzogin wurde Prinz Albert von Sachsen-Teschen, einer der bedeutendsten Kunstsammler und Bücherfreunde seiner Zeit. Die Kaiserin nennt diesen Schwiegersohn in Briefen an ihn manchmal scherzhaft „Mein lieber Antiquar".

Vor den Traualtar traten Prinz Albert und Erzherzogin Maria Christine am 8. April 1766 in der prächtigen barocken Schloßkapelle von Schloßhof. Eine Erinnerungstafel aus schwarzem Marmor, welche dieses Ereignis festhält, befindet sich an der einen Kapellenwand. Sie wurde vom Hofbildhauer Balthasar Moll geschaffen. Die Ehe des jungen Paares gestaltete sich ungemein glücklich, fand aber überraschend ein tragisches Ende durch den plötzlichen Tod Maria Christines in jungen Jahren. An sie erinnert das ergreifende Christinen-Grabdenkmal in der Augustinerkirche, mit dem der Bildhauer Canova geradezu erschütternd den Gedanken des Abschiednehmens für immer dargestellt hat. Das geistige Erbe ihres Gemahls Prinz Albert

von Sachsen-Teschen aber ist die nach seinem Vornamen benannte, weltberühmte Kunstsammlung „Albertina" in dem einstigen Palais des Prinzen auf der Augustinerbastei in Wien.
Tiefe Besorgnis spricht aus Maria Theresias Briefen an ihre jüngste Tochter Maria Antoinette in Paris. Die Kaiserin ahnt darin das unheilvolle Ende dieser unglücklichen letzten Königin von Frankreich voraus. Ein gnädiges Schicksal hat es der Mutter erspart, das Drama um die Enthauptung ihrer Tochter noch zu erleben.
In Briefen an ihren Gemahl Franz Stephan – die sie ihm schrieb, wenn er auswärts weilte – verwendete die Wienerin Maria Theresia, gut gelaunt, bisweilen die erheiternde Anrede „Mon cher Alter!". Wenige Monate vor ihrem Tod rügt sie noch brieflich ihren Sohn Kaiser Joseph II. wie eine Gouvernante: „Er soll nicht so einfach gekleidet wie ein Çadett herumlaufen! Er soll regelmäßig Mittag essen und nicht allzu sparsam sich geben."

Die Stifterin politischer Ehen

Aufschlußreich sind auch jene Briefe und Korrespondenzen Maria Theresias, in denen sie als Stifterin politischer Ehen sehr rege tätig war. Entgegen den Gefühlen der Mutter hat hier die Herrscherin in den österreichischen Erblanden die Feder geführt. Die „Staatsraison" war maßgebend, nicht das Herz! In Briefen an vertraute Freundinnen, wie etwa Gräfin Rosalia Edling in Görz (oft als „meine liebe Salerl" angesprochen), kommt die Kaiserin immer wieder auf ihr Leid als Mutter zu sprechen, im Hinblick auf die meist un-

glücklichen Ehen der Töchter. Aber diese Töchter waren dafür eben Königin von Neapel, Königin von Frankreich, Großherzogin von Parma, Herrscherin in Modena! Im Park unweit von Schloß Schönbrunn steht heute noch in einem verschwiegenen Rondeau ein wenig beachtetes Denkmal aus einer dieser Verbindungen. Es ist der sogenannte „Töchterstein".
Vor dem einstigen Kronprinzengarten steht auf einem Granitsockel eine schön gearbeitete Bronzevase. Auf der vorderen Seite des Monuments zeigen sich als Relief nebeneinander fünf Frauenköpfe. Es sind die Bildnisse der einstigen Königin Maria Karoline von Neapel-Sizilien und ihrer vier Töchter. Auf der Rückseite des Gedenksteines lesen wir mit einer gewissen Ergriffenheit die Widmung: „Der kindlichen Zärtlichkeit für die unsterbliche Maria Theresia, der Liebe zum theuren Vaterlande, der frohen Rückerinnerung an die Freuden der sorgenfreien Jugend widmet dieses ländliche Denkmal, auf dem Platze, den sie einst als Kind pflegte, nun in dem Kreise ihrer Kinder Maria Carolina, Königin beider Sicilien bei ihrer Anwesenheit in Wien 1802."

Das Schlößl der „Fuchsin"

In Maria Theresias ersten Regierungsjahren ist im beratenden Gespräch mit der Herrscherin oft auch die Gräfin Fuchs an dem kaiserlichen Schreibtisch gesessen. Jene von der Kaiserin sehr geschätzte, kluge „Fuchsin", die in der theresianischen Zeit in ganz Wien bekannt war. Diese Hofdame war schon die Erzieherin der kleinen Erzherzogin Maria Theresia und dann auch noch einige Jahre Erzieherin der ersten

Kinder des Kaiserpaares. In Rodaun, an der südlichen Stadtgrenze von Wien, steht in der Ketzergasse Nr. 471 ein Schlößchen, in dem lange Zeit der Dichter Hugo von Hofmannsthal gewohnt hat. Es ist das ehemalige „Schlößl" der Gräfin Fuchs, das für sie im Auftrag der Kaiserin Maria Theresia erbaut wurde. Vielleicht inspiriert vom Fluidum dieses Domizils, hat Hofmannsthal sein bedeutsames Essay geschrieben: „Maria Theresia – Zur 200. Wiederkehr ihres Geburtstages im Jahr 1917."

In den Räumen des Obergeschosses sind Landschaftsfresken und reiche Stuckdekorationen aus der Zeit der „Fuchsin" erhalten. Die Dichterin und Blumenmalerin Maria Grengg, die bis zu ihrem Tode gleichfalls das Schlößchen bewohnt und unmittelbar nach dem Zweiten Weltkrieg vor Verwüstungen bewahrt hat, hinterließ viele Hinweise und aufgefundene Berichte über die einstige Schloßherrin. Es sind auch verschiedene Berichte überliefert, nach denen Maria Theresia in ihren jüngeren Jahren öfters die Gräfin Fuchs in ihrem Schlößl in Rodaun besucht hat. Der hübsche Landsitz lag damals noch ganz im Grünen.

Die mit Maria Theresia so sehr verbundene Gräfin Fuchs hat bei der Vermählung der jungen Erzherzogin dieser die Schleppe getragen und hatte diese Ehre auch bei Maria Theresias Krönung zur Königin von Böhmen in Prag. Nach ihrem Tode wurde die „Fuchsin" dadurch besonders geehrt, daß sie als einzige Nichthabsburgerin in der Kapuzinergruft beigesetzt wurde. Maria Theresia hat auch diese Anordnung auf ihrem Schreibtisch unterfertigt und dazu bemerkt: „War die Fuchsin so viel im Leben redlich und treu unter uns, warum soll sie es nicht auch im Tode sein?"

Von den Töchtern der „Fuchsin" erwarb Maria Theresia im Jahr 1745 den Herrschaftssitz Mannersdorf am Leithagebirge und ließ später dieses Schloß zu einem vornehmen Barockbau ausgestalten. Die Kaiserin besuchte häufig die dortige Thermalquelle und hat im Jahr 1743, genau an ihrem Namenstag, dem 15. Oktober, stundenlang persönlich an der Weinlese in den Mannersdorfer Rieden sich beteiligt. Die Herrscherin war damals 26 Jahre. Der sie begleitende Gemahl Franz Stephan war auch mit am Werk, und als Ergebnis der kaiserlichen Weingartenarbeit wurden 13 Eimer Most erzielt. An diese denkwürdige Weinlese erinnert eines der originellsten Denkmäler der theresianischen Zeit. Am Rande eines Weingartens steht in Mannersdorf ein dreikantiger Obelisk mit den Herrscherinsignien Krone, Szepter und Schwert. Seine Spitze ist mit Kugel und Schlangenring als Symbolen der Ewigkeit geschmückt. Eine erklärende Inschrift besagt, daß Maria Theresia und Franz Stephan hier „zu dem Traubensammeln und allen mühsamen Verrichtungen des Weinlösens sich erniedrigt haben". Das Denkmal ist derzeit etwas verwittert und würde einer Renovierung bedürfen.

An der Straße nach Reisenberg zeigt sich ein anmutiger Kapellenbau mit offenen Pfeilerarkaden. Es ist die dem Schutzheiligen gegen Unwetter geweihte Donatuskapelle. Maria Theresia hat sie 1747 errichten lassen aus Dankbarkeit, daß bei einem Besuch in Mannersdorf wohl eines der Wagenpferde vom Blitz getroffen wurde, sie selbst aber unversehrt blieb.

Affaire um ein „Schokoladenmadl"

Eine „Affaire" um ein bildhübsches Wiener Stubenmädel hat einmal Stöße von Briefen auf den Schreibtisch Maria Theresias gebracht. Es ging dabei um die Tochter eines Schönbrunner Hofkutschers, die Jungfer Nandl Baldauf. Sie hatte der von Maria Theresia eigens nach Wien berufene Porträtmaler Jean Etienne Liotard aus Genf als anmutige Schönheit porträtiert. Und zwar so, wie der Künstler das „bakschierliche" Mädchen zum erstenmal gesehen hatte: als die Nandl hereinkam, um der Erzherzogin Maria Karoline eine Tasse Schokolade zu servieren. Diese eine der Töchter Maria Theresias saß dem Maler gerade Modell – und der legte sofort den Pinsel hin und hatte nur mehr Augen für „La belle Chocolatière". Ein unerhörtes Verhalten in allerhöchstem Dienst! Meister Liotard, der durch die von ihm schon geschaffenen Pastellbilder der anderen Prinzessinnen bei der Kaiserin einen Stein im Brett hatte, konnte sich das jedoch erlauben. Der Künstler stellte das rasch skizzierte Bild mit all den Feinheiten vom koketten Stubenmädelhäubchen der Jungfer Nandl bis zur gefältelten Schürze fertig, und die Nandl fand – in natura! – als plötzlich stadtbekannte Schönheit viele Verehrer aus Adelskreisen. Grund genug für gekränkte Briefe, für Entrüstung über Liotard. Und trotzdem ist die hübsche Wienerin aus Schönbrunn eine echte österreichische Aristokratin geworden! Denn als 50jährige, noch immer schöne Frau hat ein Fürst Carl Dietrichstein „La belle Chocolatière" als seine zweite Gattin zum Traualtar geführt. Im Schloß Schönbrunn sehen wir heute die hübschen Porträtbilder der Töchter Maria Theresias. Das berühmte Bildnis „La belle Chocolatière" ist jedoch in der Dresdner Galerie zu bewundern.

„Die Klapperpost ist da!"

Erinnerungen und Betrachtungen vor dem Schreibtisch Maria Theresias im Salon der Präsidentschaftskanzlei! Sie lassen auch all die Stafetten, Eilkuriere und „reitenden Boten" vorbeiziehen, die da im Lauf von 40 Jahren die Briefe der fleißig schreibenden Kaiserin befördert haben. Darunter auch einen Bescheid, mit dem „anno Maria Theresia" die erste allgemeine Postzustellung innerhalb von Wien eingerichtet wurde. Der aus den Niederlanden stammende Ludwig Schotten van Bergstraaten erhielt im Jahre 1772 die Bewilligung für seine „Kleine Post" im Wiener Stadtgebiet, die jedoch bald den Spitznamen „Klapperpost" bekam. Denn die Briefboten des Herrn van Bergstraaten gingen mit Klappern durch die Straßen und Gassen. Das war das Signal: „Brief-Annahme!" Die Korrespondenzen wurden dann auf dem ersten Wiener Stadtpostamt sortiert und hierauf – ebenfalls mit dem Klappersignal – an die angegebenen Adressen ausgetragen.
Bis in ihre letzten Lebenstage hat Maria Theresia an ihrem Schreibtisch die Feder geführt. Jahrzehntelang hat sie mit hochgebildeten, sprachenkundigen Sekretärinnen ihre Privatkorrespondenzen erledigt und von erfahrenen Hofsekretären Dekrete abfassen lassen. Die letzten eigenhändigen Zeilen der Herrscherin betrafen eine Verfügung an den Kammerzahlmeister. Er solle nach ihrem Tod dem Fonds der „Normalschulen" 100.000 Gulden aus ihrer Privatkassa zuteilen,

„damit die Pensionen weitergehen". Diese Verfügung beweist überzeugend, wie sehr von all ihren Reformen und grundlegenden Neuordnungen besonders die Angelegenheiten des Schulwesens Maria Theresia am Herzen lagen. Und dazu gehörten natürlich auch alle Fragen um die Lebenshaltung und die Einkommensverhältnisse der Lehrerschaft. Daß die Herrscherin, als sie selbst alt geworden war, besonders an die Zahlungen der Pensionen an alte Lehrer dachte und mit einer letzten Verfügung gerade hier vorgesorgt hat, erweist sich ebenfalls als eine Überlegung der „mater regnans", der regierenden Mutter.

Oben: Die kaiserliche Familie. Maria Theresia, Kaiser Franz Stephan und neun ihrer Kinder – Gemälde im Schloß Schönbrunn
Unten: Maria Theresia als Witwe im Kreis ihrer Familie

Oben: Stiftungstafel über dem Portal der Militärakademie in Wiener Neustadt (siehe S. 28)
Rechts: Sarkophag Maria Theresias und Franz Stephans in der Kapuzinergruft in Wien (siehe S. 15 ff.)
Unten: Verleihung des ersten Maria-Theresien-Ordens an Graf Daun (siehe S. 45)

HERZ UND HUMOR EINER EPOCHE

Wie aus allen bedeutsamen Zeitabschnitten, die durch eine starke historische Persönlichkeit geformt wurden, ist auch aus der 40jährigen Regierungszeit Maria Theresias eine Fülle von Anekdoten, Aussprüchen und Situationsskizzen bunt und humorvoll überliefert. Denn nicht nur die Kaiserin selbst war eine sehr geistreiche und gegebenenfalls auch schlagfertige Frau, sondern auch die Persönlichkeiten ihrer Zeit waren meist Leute, die das Herz und das Mundwerk „am rechten Fleck" hatten.
Maria Theresia besaß sehr viel Sinn für Humor und amüsante Konversation. Außerdem nahm sie ein freies Wort auch um ihre hochgestellte Person keineswegs übel, sondern fand schnell eine noch freiere Antwort. Wir müssen uns überdies erinnern: Schon am Hof Kaiser Karls VI., des Vaters der späteren Herrscherin, wurde abseits von spanischer Etikette und steifem höfischem Zeremoniell gern jenes leichte, liebenswürdige Wienerisch gesprochen, das heute noch als „Schönbrunnerisch" gepflegt wird.

Oben: Schloß Schönbrunn bei Festbeleuchtung
Unten: „Millionenzimmer" im Schloß Schönbrunn

In den Anekdoten, aber auch in historisch belegten Wortspielen und Formulierungen wird jene Zeit wach, die Richard Strauß im Walzer seiner heiteren Oper „Der Rosenkavalier“ aufklingen läßt. Daß auch unsere nur vermeintlich so nüchterne Gegenwart für Herz und Humor dieser Epoche Verständnis hat, beweist das im Volkston geschriebene Wienerlied unserer Tage von Josef Fiedler: „In Wien war einmal eine Kaiserin, sie war aber auch eine Wienerin! Als Maria Theresia steht sie im Lesebuch drin, für die Wiener aber war sie das Reserl von Wien . . .“

Der Text bringt eine Szene in Erinnerung, die sich beim Besuch des neuernannten bayrischen Gesandten am Wiener Hof, Graf von Dennberg, bei Maria Theresias Gemahl abgespielt haben soll. Kaiser Franz Stephan geleitete den Gast durch die Gemächer von Schönbrunn und zeigte stolz das Gemälde, auf welchem der Hofmaler Liotard Maria Theresia in jüngeren Jahren im Prunk ihrer blau-rot-goldenen Staatsrobe darstellt. Der Gast fand für das Kunstwerk höfisch-korrekte Worte, wie „magnifique“ und „excellent“. Aber dann fügte er mit bayrischer Gemütlichkeit hinzu: „Majestät werden schon erlauben – aber ein bisserl was von einer wienerischen Mitzi ist um die Mundwinkel auch da.“

Wenn wir im Schloß Schönbrunn dieses Porträt der Herrscherin betrachten, können wir dem Kenner aus Bayern nicht ganz unrecht geben.

„Ich bin eine Frau wie jede Frau ...“

In schweren Jahren und vor allem auch, weil sie manche radikalen Reformen durchführte, war Maria Theresia durchaus nicht immer beliebt. Das bewies ihr die Meldung des entrüsteten Kommandanten der Schönbrunner Schloßwache, an der Mauer zum Park stehe ein beleidigender Spottvers. „Und er lautet?“ wollte die Herrscherin wissen. Der Offizier wurde verlegen: Er könne es nicht wagen, der Allerhöchsten Frau diese infame Gemeinheit ins Gesicht zu sagen. Aber Maria Theresia befahl ihm einfach zu reden und mußte folgenden Vers hören: „Du nennst Dich stolz eine Kaiserin, aber wirst doch wie wir anderen – hin!“ Die Wienerin Maria Theresia besann sich kurz und lachte dann: „Laß' Er, Herr Hauptmann, daneben hinschreiben: ‚Ich bin eine Frau wie jede Frau, nur wählte ich meine Eltern schlau!‘ – So, und jetzt laß' Er neben meiner Antwort einen Doppelposten aufziehen, damit die Sach' auch richtig unter die Leut' kommt.“

*

An einem schönen Sommertag des Jahres 1749 besuchte Maria Theresia mit ihrem Gemahl nach langem Bitten des Abtes und Wiedererbauers des arg zerstört gewesenen Klosters das Stift Göttweig. Abt Gottfried Bessel, der schon zur Zeit Kaiser Karls VI. bei diplomatischen Missionen und später als Rektor der Wiener Universität sich große Verdienste erworben hatte, geleitete die hohen Gäste in die prunkvollen Kaiserzimmer. Sie sind heute noch als Beispiele der gehobenen Wohnkultur der theresianischen Zeit in Göttweig zu besichtigen.

Als Maria Theresia den Festsaal betrat, eilte sie entzückt auf den schönen Balkon mit dem kunstvollen schmiedeeisernen Gitter. Beglückt genoß sie den weiten Blick über das Donautal und seine Weinrieden, über die ganze, einmalig schöne Wachaulandschaft. „Ich könnte mich hier nie satt sehen an diesem schönen, gottgesegneten Land!" rief die Herrscherin bewundernd. Worauf ein greiser Benediktinerpater aus dem Gefolge des Abtes müde lächelte: „Wenn Eure Majestät da 60 Jahr åbischaun, kriagert'n S' aa gnua ..."

Handfester Charme auf „Schönbrunnerisch"

Die fleißig auf Ehestiftungen bedachte, sehr sittenstrenge Kaiserin hörte die Klatschgeschichte, eine ihrer Hofdamen habe einem Bildhauer ziemlich unbekleidet Modell gestanden für die Figur einer hübschen Königin aus der griechischen Antike. Der Künstler sei einer der Mitarbeiter des aus Gotha nach Wien berufenen Herrn „Hofstatuarius" Wilhelm Beyer. Dieser schmückte damals die beiden Längsseiten des großen Blumenparterres vor dem Schloß Schönbrunn mit Figuren aus der Antike. Maria Theresia ließ den jungen Meister zur Audienz befehlen und machte ihm entrüstet Vorwürfe über seine unverschämte Freizügigkeit. Der getadelte Bildhauer aber wies alle Vorhaltungen zurück: „Belieben Euer Majestät mir zu glauben, das sind lauter Verleumdungen! Ich arbeite niemals nach der Natur – ich verlasse mich immer auf mein Gedächtnis."

*

In ihren späteren Ehejahren mußte Maria Theresia manchmal energisch dem Gerede über angebliche nächtliche Eskapaden ihres Gemahls Franz Stephan zu vulgären Vergnügungsstätten im dunkelsten Wien entgegentreten. Vor allem bei der Landestation der Obst- und Weinschiffe an der Donau, beim sogenannten „Schanzl“, sollte der Kaiser wiederholt in einem verrufenen Haus gesehen worden sein. Als eine ältliche Fürstin als Vertraute der Kaiserin maliziös lächelnd den in Wien geflüsterten Spottvers zitierte: „Frau Reserl, gib acht auf Dein' Franzl! Der geht gern zur Kathl aufs Schanzl!“, erwachte in Maria Theresia die „wienerische Mitzi“. Sie lachte herzlich: „Merk' Sie sich das, meine Liebe: Die G'schicht' von mein' Franzl am Schanzl, das is nur der Tratsch von an Gansl!“

*

Auch in politischen Gesprächen konnte die Herrscherin manchmal sehr wienerisch-temperamentvoll werden, wobei das freilich meist weniger nützte als das diplomatisch geschickte „Parlieren“. Während des Zweiten Schlesischen Krieges mit Preußen war es – kurz nach der Krönung Franz Stephans zum deutschen Kaiser in Frankfurt –, daß der britische Gesandte Sir Thomas Robinson sich als Friedensvermittler einschalten wollte. Bei seinen Vorschlägen, die Kaiserin möge vielleicht doch ein wenig nachgeben, ging Maria Theresia wieder das wienerische Temperament durch: „Eher zieh' ich meinen Unterrock aus, als daß ich Schlesien hergeb'!“

*

Sehr impulsiv zeigte sich Maria Theresia auch am Abend des 12. Februar 1768, als sie die Nachricht von der Geburt eines ihrer Enkel im Hause ihres Sohnes Leopold von Toskana erhielt. Die Kaiserin, die sich gerade zur Ruhe begeben wollte, warf schnell einen Mantel über und eilte durch den sogenannten „Theatergang" der Hofburg direkt in die Hofloge des alten Burgtheaters. Überglücklich rief sie mitten in der Vorstellung in das Publikum: „Der Poldl hat ein' Buben kriegt!" Denn ganz Wien sollte möglichst schnell von dem glücklichen Ereignis erfahren. Dieser „Poldl" war der spätere Kaiser Leopold II., und der „Bub", Maria Theresias Enkel, ist als der Biedermeierkaiser Franz I. in die Weltgeschichte eingegangen.

*

Als die junge Erzherzogin Maria Theresia am 22. November 1740 nach dem Tod ihres Vaters die Erbhuldigung als legitime Fürstin der habsburgischen Erbländer entgegennahm, wurde sie in der heute noch in der Wagenburg von Schönbrunn ausgestellten Prunksänfte in rotem Samt über den Graben in Wien getragen. Denn sie erwartete wieder ein Kind. Alles erhoffte einen Knaben. Um so mehr, als Österreichs Feinde „die Herrschaft der Frauenkittel" belächelten. Als dann die Erzherzogin am 13. März 1741 ihrem Sohn Joseph das Leben schenkte, schrieb der Preußenkönig Friedrich II. wütend an seinen Gesandten Graf Podewils: „Jetzt hat doch diese Person geradezu demonstrativ einen Knaben geboren!"

*

Die Wiener haben die Geburt dieses Kindes mit großem Jubel und Volksfesten gefeiert. Überall brauste es in Sprechchören in den Straßen auf: „Jetzt können die Feinde losen (aufhorchen), denn Österreich tragt Hosen!" Und in Vorfreude auf das nunmehr gestärkte

Geschäft „in Herrensachen“ illuminierte ein wackerer Schneidermeister sein Haus mit der Inschrift: „Über der Königin Niederkunft freut sich die ganze Schneiderzunft.“

Wiener Galanterien

Auf die Sittlichkeit und das korrekte Verhalten der Geschlechter zueinander war Maria Theresia sehr bedacht. Mätressen und Liaisons, wie sie zu ihrer Zeit in den Kreisen des französischen Hofes, aber auch in anderen europäischen Fürstenhäusern üblich waren, wurden von der Kaiserin sehr ungern gesehen. Deshalb war ihr die Beziehung des von ihr sonst sehr geschätzten Staatskanzlers Fürst Kaunitz zu einer am Burgtheater gefeierten italienischen Schauspielerin ein Ärgernis.

Eines Tages fuhr Kaunitz in Begleitung dieser Dame in einem offenen Wagen in die Hofburg, um mit der Herrscherin in einer dringenden Angelegenheit zu konferieren. Er ließ seine Begleiterin in der Karosse warten, was der Monarchin sogleich hinterbracht wurde. Sie begann deshalb die Konferenz mit moralischen Vorhaltungen gegenüber Kaunitz. Dieser unterbrach jedoch mit der ihm eigenen süffisanten Art: „Ich bin gekommen, um eine Angelegenheit Eurer Majestät zu besprechen und nicht die meine!“ Maria Theresia gab jedoch zurück: „In diesem Fall, mein lieber Fürst, ist seine Angelegenheit mit dieser Person auch die meine ...“

*

In Liebesdingen war Maria Theresia stets auf die Legalität bestehender oder angestrebter Beziehungen be-

dacht. Als geradezu passionierte Ehestifterin war sie mit mütterlicher Sorge auch bemüht, schon alternde Hofdamen noch unter die Haube zu bringen.
In Innsbruck steht heute noch das Palais Enzenberg in der Universitätsstraße 22–24, das gleichsam ein steinernes Denkmal für eine solche Eheverbindung ist. 14 Jahre hatte die Hofdame Komtesse von Schack den Tiroler Grafen Cassian von Enzenberg geliebt. Doch aus verschiedensten Gründen war es noch nicht zur Ehe gekommen. Der Graf war auch nicht mehr der Jüngste, als Maria Theresia sich in diese „Affäre" einschaltete.
Der Landedelmann aber wollte dennoch lieber ledig bleiben, worauf die Kaiserin kurz und bündig erklärte: „Entweder meine liebe Schack und dazu einen hohen Posten in Tirol – oder eine Verwendung in Galizien! Er kann wählen, Graf!" Da Tirol ihm aber doch reizvoller erschien als Galizien, führte der adelige Herr die Komtesse zum Traualtar. Graf Enzenberg residierte dann als tüchtiger Beamter und vor allem als Tiroler Schulreformer in dem Innsbrucker Palais. Die Gräfin blieb eine der besten Freundinnen der Kaiserin bis ins hohe Alter.

*

Die viel genannten und ebenso viel belachten „Keuschheitskommissionen" der theresianischen Zeit zur Hebung der allgemeinen Sittlichkeit haben ein fröhliches Denkmal im Bereich der heiteren Muse. Der Wiener Komponist Alexander Steinbrecher schrieb das zur Zeit der Herrscherin spielende beschwingte Singspiel „Brillanten aus Wien". Die Bühnenfigur Maria Theresia singt darin als Auftrittslied: „Ich hab' den Kaunitz g'fragt, ich hab' den Haugwitz g'fragt und selbstverständlich auch den Herrn van Swieten. Und jeder hat gesagt, es sei doch Gott geklagt, man kann die Liebe doch nicht ganz verbieten..."

*

Kaiser Franz Stephan, dem als gutem Menschenkenner Maria Theresia die Entdeckung mancher ihr sehr nützlich gewordener Talente und Begabungen verdankte, war allen Frauen gegenüber stets vollendeter Kavalier. Er sparte auch nicht mit kleinen Aufmerksamkeiten gegenüber der Damenwelt des Hofes. Als der Obersthofmeister Fürst Khevenhüller-Metsch einmal andeutete, der Kaiser würde es bald so weit treiben wie ein in ganz Wien als Schürzenjäger belächelter Graf Chotek, verwahrte sich der Monarch lachend: „Ah, da muß ich schon bitten – der Chotek betreibt ja die Galanterie als Profession!"

Ganz ohne Etikette

Als Mitregent seiner vor allem in späteren Jahren sehr sittenstrengen Mutter wollte sich der junge Kaiser Joseph II. einmal von den Zuständen im verrufenen Vorstadtviertel „Am Spittelberg" selbst überzeugen. Von diesem Inspektionsgang inkognito kündet im Wiener Stadtteil Neubau heute noch das Haus Gutenberggasse Nr. 13. Es zeigt als Hauszeichen einen buchstäblich „ums Eck" springenden Löwen, der merkwürdigerweise sechs Beine hat. Dies entsteht dadurch, daß sich zwei Löwenhälften mit je zwei Hinterbeinen von den beiden Fassadenseiten her mit Kopf, Brust und zwei gemeinsamen Vorderbeinen an der Hausecke vereinen.

Dieses Haus „Zum weißen Löwen" war eines der verrufensten „Am Spittelberg". Der neugierige Kaiser wollte nun erfahren, weshalb eines der Mädchen dort nach dem als Rechtsreformer Maria Theresias bekannten Minister von Sonnenfels in den Kreisen der Nachtschwärmer „die Sonnenfels-Waberl" genannt werde. Er wurde bei seinen Befragungen nach einem Wortwechsel von den Beschützern der „Waberl" unsanft vor die Türe gesetzt.
Nachträglich nicht mehr zu ermittelnde, schadenfrohe Augenzeugen, die den Kaiser offenbar erkannt hatten, erfanden den Spruch: „Durch diese Thür in Bogen ist Kaiser Joseph geflogen." Der Vers schmückte schon in den Tagen der Monarchie (notabene!) das Portal des im „Löwenhaus" etablierten Gasthauses. Vor einiger Zeit wurde die Inschrift in den Hauseingang des heute seriösen Lokals verlegt, um sie vor Verwitterung zu schützen.

*

Der Vorgänger des Staatskanzlers Kaunitz, Corfiz Graf Ulfeld, war ziemlich schwerhörig. Ein bei Hof geprägtes Bonmot kommentierte dazu: Die Regierung der Kaiserin ist immer erfolgreich. Er hört nicht, was sie sagt, und sie macht nicht, was er will.

*

Auf ihren Leibarzt, Dr. van Swieten, hielt Maria Theresia große Stücke. Sie war eine Freundin reichlicher, manchmal geradezu üppiger Mahlzeiten und nahm ihre Speisen sehr hastig zu sich. Van Swietens Warnungen, wie gesundheitsschädlich diese Art des Essens sei, wurden nicht beachtet.
Bis es dem Medicus bei einer festlichen Tafel zu bunt

wurde. Er ließ von einem Lakaien einen Kübel bringen, warf von allen Speisen eine Portion hinein, goß Bier, Wein, Likör und Kaffee darüber und präsentierte das wenig appetitliche Gemisch der genüßlich tafelnden Kaiserin: „So sieht es jetzt dann im Magen Eurer Majestät aus – gesegnete Mahlzeit!“ Die Herrscherin – so wird überliefert – „hat sich von Stund' an bei Speis und Trank sehr moderieret“.

*

Fürst Khevenhüller war in Sachen des höfischen Protokolls und des Zeremoniells sehr genau, aber notfalls auch ungemein wendig. Bei einem Hofempfang in Olmütz waren nur gleichartige Stühle vorhanden. In letzter Minute ließ der Herr Oberstkämmerer von einigen der kostbaren, mit rotem Samt und Goldleisten geschmückten Sessel die Lehnen und Armstützen absägen. Damit diese Sitzgelegenheiten sich doch in etwas von den für Maria Theresia und ihren Gemahl bestimmten Armstühlen unterschieden.

„Das schaut denen Preußen ähnlich!“

Der österreichische Husarengeneral Hadik hatte bei seiner „Blitzeroberung“ von Berlin im Siebenjährigen Krieg außer beträchtlichen Geldsummen auch noch eine Kontribution besonderer Art verlangt. Er forderte vom Berliner Magistrat 50 Paar der damals vielbegehrten eleganten langen Damenhandschuhe aus feinstem Glacéleder, eine modische Spezialität aus Berlin. Bereitwillig wurden ihm die verpackten Handschuhe ausgehändigt.

Als er sie als Kavaliersgeschenk in Wien seiner Kaiserin überreichte, gab es eine herbe Enttäuschung: Die hinterlistigen Stadtväter an der Spree hatten dem armen Hadik „in der Hitze des Gefechtes“ nur 50 linke Handschuhe übergeben. Der schreckliche ungarische Fluch des Husarengenerals kann hier nicht wiedergegeben werden. Maria Theresia aber soll nur bemerkt haben: „Das schaut denen Preußen wieder einmal ähnlich!“

*

Bei einem unerwarteten Treffen österreichischer Truppen im Siebenjährigen Krieg gegen den Preußenkönig Friedrich fiel die ihren königlichen Herrn überallhin begleitende Windspielhündin „Biche“ theresianischen Husaren in die Hände. General Laudon schickte dem König das Tier mit einem Parlamentär zurück und ließ einen knappen Begleitbrief überreichen: „Weibliche Gefangene werden von uns nicht gemacht.“

*

Unter den zeitgenössischen Berichten über das Leben am Hof Maria Theresias ist das berühmte Tagebuch des Fürsten Johann Joseph Khevenhüller-Metsch eine einzigartige historische Quelle. Dieser war nicht, wie seine Neider es darstellten, ein „Günstling“ der Kaiserin, sondern einer ihrer ehrlichsten und vertrautesten Berater. Er war in jungen Jahren Diplomat, trat dann direkt in den Hofdienst und wurde zuletzt Oberstkämmerer. In dieser Stellung bemühte sich der treue Weggefährte Maria Theresias selbst um die kleinsten Angelegenheiten der Kaiserin. Der Preußenkönig Friedrich II. nannte ihn deshalb spöttisch: „Der Oberstkümmerer.“

Geburtstagsfeier in der Hofburg! Es wurde das Wiegenfest der Hofdame Gräfin von Losenstein gewürdigt, die überaus beliebt und auch als wohltätig bekannt war. Es gab Gratulationen, Gedichte, ein erlesenes Buffet, eine herzliche Ansprache der Kaiserin. Nur eines störte das Geburtstagskind: Es war öfters davon die Rede, daß es ein „runder" Geburtstag sei, nämlich ihr 60ster! Das mochte die dem Begriff „alt werden" durchaus abholde Dame nicht hören. Der gutmütige Kaiser Franz Stephan meinte begütigend: „Aber meine liebe Gräfin, 60 Jahre sind doch kein Alter!" Eiskalt kam die Antwort: „Ja, Majestät – für eine Kathedrale!"

*

Ein aufdringlicher Bittsteller mit hoher Protektion bewarb sich hartnäckig um eine Stelle als kaiserlicher Rechnungsbeamter. Franz Stephan wollte wissen: „Kann Er auch gut radieren und nötigenfalls Unterschriften nachmachen?" Der junge Mann strahlte: „O ja, vorzüglich." Der Kaiser wies ihm die Tür: „Dann scher' Er sich zum Teufel!"

*

Kaiser Joseph II. hatte als Mitregent nach dem Tod seines Vaters ein scharfes Auge auf „gemütliche" Ämter, wo man vor allem auf den Dienstschluß wartete. Einen Bittsteller aus diesen Kreisen, der um Gehaltserhöhung bat, wies er ab: „Ich selbst bin nichts als der oberste Diener des Staates und muß meinen Partikel genauso gut arbeiten wie jeder andere. Mache Er es daher wie ich: Arbeite Er fleißig und gewissenhaft, damit uns beide der Staat nicht umsonst füttert.“

*

Kaiser Joseph II. hatte Witz und Schlagfertigkeit von beiden Elternteilen geerbt. Als er noch als Mitregent den Augarten für den Besuch aller Wiener freigab, entrüsteten sich einige Adelige: „Wollen Euer Majestät bedenken, daß wir jetzt dort gar nicht mehr nur unter Unseresgleichen promenieren können.“ Der junge Kaiser überlegte: „Meine Herren, wenn ich nur unter meinesgleichen lustwandeln wollte, könnt' ich nur in der Kapuzinergruft spazierengehen!“

*

Als geschickter Finanzmann wußte Kaiser Franz Stephan das Vermögen des durch ihn begründeten Hauses Habsburg-Lothringen sehr beachtlich zu vermehren. Als er einmal im Lainzer Tiergarten einen kapitalen Hirsch mit „Blattschuß“ erlegte, begeisterte sich der Oberstkämmerer Khevenhüller: „Großartig! Euer Majestät hätten wirklich a Jager werden sollen.“ Darauf der völlig zum Wiener gewordene Lothringer im gemütlichen Schönbrunnerisch: „Wozu? Ich hab' ja so auch zum Leben ...“

*

Eine Bürgersfrau, die der gute Psychologe Franz Stephan sogleich als Hausdrachen erkannte, beklagte sich über ihren Ehemann als Gewalttäter. „Was ihr Eheleut' miteinander habt, das geht mich nichts an“, brummte der Monarch. Die Bittstellerin schrie zurück: „So? Und daß er über Eure Majestät auch immer schrecklich schimpft ...“ Darauf der Kaiser: „Meine

Liebe, was ich und mein Diener miteinander haben, das geht Sie nichts an.“

*

Als eine Bürgerdeputation sich bei Kaiser Joseph für seine persönliche Hilfe bei einer Feuersbrunst bedankte, meinte der junge Herrscher sarkastisch: „Meine Herren, ich war Mensch, ehe ich Kaiser geworden bin! Und ich glaube, das war eine schöne Zeit.“

Allerhand Spektakel

Bei den Wiener Polizeikommissariaten gibt es auch heute noch den „Spektakelreferenten“. Er ist für alle Veranstaltungen in seinem Bezirk zuständig und keineswegs – nach dem wienerischen Begriff „Spektakel“ für großen Lärm – ein „Lärmschutzbeamter“. Sein traditioneller Diensttitel geht zurück auf die Gründung des Schönbrunner Schloßtheaters durch Maria Theresia im Jahr 1749. Beeindruckt vom „Spectaculum“ der Schauspieler am Hoftheater des Fürsten Esterházy im Schloß Eisenstadt, erklärte die Kaiserin nach ihrer Rückkehr nach Schönbrunn: „Spectacel müssen sein, ohne sie kann man nicht leben hier in einer solchen großen Residenz.“

*

Die für die Damen des Wiener Hofes arbeitende Weißnäherin Josephine Kemmeter hatte einiges Talent zur Schauspielerin. Sie bestürmte in einem Bittbrief Maria Theresia, ihr allergnädigst eine Ausbildung zu ermöglichen. Die Antwort der Kaiserin bewies deren Freude am wienerischen Wortspiel. Sie lehnte die Bitte ab mit der Bemerkung: „Meine liebe Kemmeter, näh' Sie lieber Hemmeder!"

*

Als Lessings Lustspiel „Minna von Barnhelm" mit großem Beifall am Burgtheater gegeben wurde, wollte Maria Theresia wissen: „Um was handelt es sich eigentlich bei diesem Spectacel?" Die belesene Hofdame Fräulein von Hager berichtete: „Um einen galanten preußischen Major, Euer Majestät, einen Herrn von Tellheim." Die Kaiserin staunte: „Waas? Ein Preuße kann auch galant sein?"

*

Bei der von der Ehestifterin Maria Theresia recht schwierig „eingefädelten" Verlobung ihrer Tochter, der Erzherzogin Maria Amalia, mit dem Infanten von Parma gab es eine groteske Forderung: Der für diese politische Eheschließung maßgebliche Minister in Parma stellte sie per Eilkurier. Er verlangte ein Korsett der Erzherzogin, ein Paar ihrer Schuhe und eine Locke ihres Haares. Dem ihm geschickten Porträt der von Liotard gemalten Braut mißtraute er offenbar. Die kaiserliche Mutter Maria Theresia war entrüstet. Der Bruder Joseph aber meinte nur trocken: „Ja, mein Gott, auf eine gemalte Verwandtschaft lassen sich die in Parma halt nicht ein."

Maria Theresia – das ist selbst in den Geheimberichten des preußischen Gesandten Graf Podewils nach Berlin erwähnt – legte auf ihre persönliche Toilette, auf Schmuck und Putz, wenig Wert. Sie war, außer bei Repräsentationen, meist einfach, praktisch und mehr nach Art einer Wiener Hausfrau aus bürgerlichen Kreisen gekleidet.

In reiferen Jahren hatte sie ein gesundes Maß an Selbstkritik, wie ein Brief an ihren jahrzehntelangen väterlichen Berater, Graf von Tarouca, beweist. Sie schrieb diesem zu seinem Geburtstag: „Ich habe nicht vergessen, daß Euer kleines Schätzchen Therese (jungverheiratete Tochter Taroucas) angekommen ist, um mitzufeiern. Die dicke Therese schließt sich an, um aus ganzer Seele sie mitzubegrüßen."

*

Als junge Braut war Maria Theresia in ihren „Franzl" bis über die Ohren verliebt. Das beweist ein entzükkender Briefwechsel zwischen den beiden jungen Menschen, der seitens der Braut freilich unter Aufsicht einer gestrengen Gouvernante stattfand. Dennoch hat „das Reserl von Wien" der um die Etikette besorgten Anstandsdame einmal ein Schnippchen geschlagen. Denn nach einer französischen Nachschrift steht von der verliebten Erzherzogin eigenhändig dazugeschrieben: „Adieu, Mäusl!"

*

Die als geizig bekannte Gattin des Siegers von Kolin, Gräfin Daun, sammelte bei Hof für die Opfer einer

Hochwasserkatastrophe. Sie präsentierte die Spendenliste charmant lächelnd dem als eher sparsam bekannten Leibarzt, Dr. van Swieten: „Und was belieben der Herr Hofmedicus zu geben?" Sehr weltmännisch komplimentierte der gute Menschenkenner: „Selbstverständlich den gleichen Betrag wie Madame aus dero Privatschatulle!" Die Gräfin empörte sich: „Oh, Er ist aber ein Schmutzian, Herr Dr. van Swieten!"

*

Am Hofe Maria Theresias wurde, vor allem von den Hofdamen, sehr viel französisch parliert. Sehr zum Ärger des Herrn Doktor Freiherr von Steger, der zu den Ärzten der Kaiserin zählte.
Eines Tages nun wurde eine Hofdame von Geburtswehen überrascht und jammerte laut: „Oh, mon Dieu, oh, mon Dieu, c'est terrible." Der herbeigerufene, etwas rauhbeinige Doktor von Steger meinte gelassen: „Nur keine Aufregung, es ist noch nicht soweit!" und setzte sich gemütlich wartend in einen bequemen Fauteuil. Plötzlich verstummten die französischen Wehlaute, und die werdende Mutter rief: „O Gott, o Gott..." Doktor von Steger sprang auf: „Aha! Jetzt red't s' deutsch, jetzt ist es soweit."

*

Maria Theresia war bei all ihren Mitarbeitern, ja in der ganzen Hofgesellschaft als besonders lufthungrig gefürchtet. Ganz entgegen der für den barocken Lebensstil typischen Angst vor frischer Luft mit ihren angeblichen „Miasmen" und dem Durchlüften überhaupt pflegte sie meist bei offenem Fenster zu arbeiten.

Selbst in Kabinettsitzungen stand sie plötzlich auf, um persönlich ein Fenster zu öffnen. Sehr zum Ärger der um ihre umständlich gepuderten Perücken fürchtenden Minister und Staatsräte. Vor allem Staatskanzler Kaunitz stimmte dieser Hunger nach Luft oft sehr ärgerlich. Denn der ziemlich eitle Staatsmann pflegte täglich eine Stunde lang in einem eigenen Gemach seines Palais auf dem Ballhausplatz auf und ab zu gehen, um sich von besonders geschulten Kammerdienern seine Prunkperücke einpudern zu lassen. Er benötigte dann eine weitere halbe Stunde, um seine Gewandung bis aufs letzte Stäubchen ausbürsten zu lassen.

An einem Wintertag traf der damals noch als Obersthofmeister eingestufte Khevenhüller Kaiser Franz Stephan und den jungen Thronfolger Joseph in einem geheizten Gemach der Hofburg in Pelzmänteln an. Seine erstaunte Frage beantwortete der erfahrene Gemahl Maria Theresias lächelnd: „Wir haben jetzt gleich eine längere Konferenz mit Ihrer Majestät..."

---

200 Jahre sind eine lange Zeit. Diese läßt sowohl in der mündlichen Überlieferung als auch durch das Vergilben von Tagebüchern, Dokumenten und Aktenstükken oft bis zur Unleserlichkeit sehr vieles vergessen oder zumindest verblassen. Das Faktum aber, daß zwei Jahrhunderte lang Aussprüche, Begegnungen, humorvolle Tatsachen und charakteristische Gedankengänge weiterleben, beweist stärker als alle Doku-

mente die Bedeutung einer Persönlichkeit, die eine Epoche geformt hat. Es ist bezeichnend für die theresianische Zeit, daß in ihr auch Humor und Herz, dazu die Fröhlichkeit des Österreichers nicht zu kurz gekommen sind, sondern daß gerade sie wesentlich beigetragen haben, uns Kenntnisse über Maria Theresia und ihr Lebenswerk zu überliefern.

1711–40 Karl VI., Römisch-deutscher Kaiser, geb. in Wien 1. 10. 1685, gest. in Wien 20. 10. 1740
1713 am 19. 4. Pragmatische Sanktion verkündet
1740–80 Maria Theresia, Königin von Ungarn und Böhmen, Erzherzogin von Österreich, geb. in Wien 13. 5. 1717, gest. in Wien 29. 11. 1780
1736 heiratet Maria Theresia den Großherzog Franz Stephan von Lothringen (Franz I.)
1740–42 Erster Schlesischer Krieg
1741 Krönung Maria Theresias zur Königin von Ungarn
1741 Joseph II. geb. in Wien am 13. 3., gest. in Wien 20. 2. 1790
1740–48 Österreichischer Erbfolgekrieg
1741 Gründung des Theaters nächst der Burg
1743 Rückeroberung von Prag
1743 Krönung Maria Theresias zur Königin von Böhmen
1744–45 Zweiter Schlesischer Krieg
1744–49 Neugestaltung von Schönbrunn
1745 am 13. 9. in Frankfurt Krönung Franz Stephans zum römisch-deutschen Kaiser
1751 Prägung des ersten Maria-Theresien-Talers
1752 Erbauung der Redoutensäle in der Hofburg
1752 Gründung der Militärakademie in Wiener Neustadt
1752 erste Zahlenlotterie in Wien (Kleines Lotto)
1753 Fürst Kaunitz wird Staatskanzler

1753 Industriesiedlung Nadelburg gegründet
1753–55 Bau der Neuen Universitätsaula (Akademie der Wissenschaften)
1756–63 Siebenjähriger Krieg
1757 Daun siegt bei Kolin
1757 Hadik erobert Berlin
1757 Stiftung des Maria-Theresien-Ordens
1763 Jacquin legt den Botanischen Garten in Wien an
1765 Franz I. stirbt in Innsbruck
1765 Joseph II., ältester Sohn Franz Stephans, wird Mitregent
1766 Freigabe des gesamten Praters
1768 Neues Strafgesetzbuch
1770 Innsbrucker Hofburg vollendet
1770 erste Hausnumerierung in Wien
1771 Einführung der Schulpflicht; die erste Normalschule
1771 Gründung der Wiener Börse
1772 Kleine Post in Wien gegründet (Klapperpost)
1772 zweite Hausnumerierung
1776 Aufhebung der Folter und Milderung von Leibeigenschaft und Frondienst
1778–79 Bayrischer Erbfolgekrieg
1780 Tod Maria Theresias

PERSONENREGISTER

SACHREGISTER

VERZEICHNIS DER ABBILDUNGEN

BILDNACHWEIS

Österreichischer Bundesverlag, Archiv: S. 4, 12, 14, 17, 20, 35, 37, 39, 40, 42, 43, 57, 59 unten, 60, 78 oben
Österreichische Nationalbibliothek, Bildarchiv: S. 18, 19, 38, 46, 58, 59 oben, 68, 78 unten
Österreichisches Staatsarchiv: S. 47, 55
Österreichisches Barockmuseum: S. 77 unten
Kunsthistorisches Museum: S. 77 oben
Kapuzinerkloster: S. 79
Alois Sedlacek: S. 80

INHALT

OTTO STRADAL

Wunderbares Schönbrunn

Steinerne Chronik – Blühendes Leben

Prof. Otto Stradal, der bekannte Wiener Chronist und Essayist, hat eines seiner schönsten Bücher dem Schloß Schönbrunn, diesem markanten Wahrzeichen Österreichs, gewidmet. In der von einem großen Leser- und Hörerkreis so geschätzten Art bringt Stradal Historisches, aber auch jüngstes aktuelles Geschehen und auf Grund seines eingehenden Studiums fast vergessener Dokumente und Tagebücher auch Neuaufgefundenes über die weltberühmte einstige Sommerresidenz der Habsburger.
All dies ist liebevoll verknüpft und verwoben zu einem bezaubernden Gesamtbild. Der Autor läßt damit die grandiose Schöpfung des Schlosses mit seinem herrlichen Park und dessen botanischen Seltenheiten, mit erlesenen Kunstwerken und mancherlei Kuriositäten eindrucksvoll erstehen; auch für ein amüsiertes Lächeln um Anekdoten und Histörchen ist gesorgt.
Das Buch Otto Stradals – es ist mit farbigen und sehr seltenen Schwarzweißbildern reich illustriert – wird so zu einer echt österreichischen Präsentation, zu einer Aussage über die Lebenskraft und Leistung Österreichs.

128 Seiten Text, 8 Farbtafeln, 16 Fototafeln. S 148,–.

ÖSTERREICHISCHER BUNDESVERLAG, WIEN

OTTO STRADAL

WUNDERBARE WELT UM ST. STEPHAN

Als erfolgreicher Autor zahlreicher Bücher über Österreich legt Otto Stradal hier ein Werk vor, das dem Herzstück Wiens gewidmet ist. Es ist ein faszinierendes Buch über ein Altstadtviertel, wie kaum eine andere Großstadt es aufzuweisen hat.
In dieser Welt um den großartigen Dom haben Mozart und Brahms geschaffen, wohnte Grillparzers „ewige Braut" Kathi Fröhlich, in deren Wohnung so manche Schubertiade stattgefunden hat. In der Schulerstraße wurde der österreichische Schilling „geboren", in der Akademie der Wissenschaften erfuhr die Welt zum erstenmal von der durch den österreichischen Nobelpreisträger Viktor Hess entdeckten lebensentscheidenden kosmischen Strahlung. Auf dem Graben hatten die Fiaker ihre ersten Standplätze und wurde das Allgemeine Bürgerliche Gesetzbuch geschrieben. In der Krypta der Peterskirche können wir den ersten Christen Wiens nachspüren, und in den Katakomben von St. Stephan stehen wir vor dem Sarkophag Rudolfs des Stifters.
Professor Stradal untersucht aber auch aktuellste Gegenwart und nahe Zukunft von St. Stephan. So etwa in den Kapiteln über den Bau der U-Bahn zum Dom, über „Inferno und Auferstehung" als Überblick über den großartigen Wiederaufbau nach dem Zweiten Weltkrieg und über die Kunstschätze des fast vernichtet gewesenen Stephansdoms.
Die eindrucksvollen Illustrationen runden die Fülle der Impressionen bei den Spaziergängen mit Otto Stradal durch all die Gassen um St. Stephan.

160 Seiten Text, 4 Farbtafeln, 25 Schwarzweißbilder, 9 Illustrationen im Text. Ganzleinenband, S 168,–.

ÖSTERREICHISCHER BUNDESVERLAG, WIEN